種搖錢樹
證券與法拍屋投資聖經

游良福 著

九智新傳媒
傳播智慧 傳播健康

目　錄

3

圖目錄

表目錄

九智新傳媒
傳播智慧 傳播健康

你們若有信心像一粒芥菜種
就是對這座山說
你從這邊挪到那邊
它也必挪去
並且你們沒有一件不能作的事了

～馬太福音第 17 章 20 節

超越常人

身障者可以超越常人，包括打鼓、演奏、攀岩、舞蹈、游泳等。

突破限制

威爾瑪·魯道夫（Wilma Rudolph）外號「黑羚羊」，四歲時患小兒麻痺症，醫生判定要一生靠著拐杖才能行走，她母親不放棄希望地給女兒的腿塗抹藥草，然後按摩同時向上帝祈禱。終於有一天，小女孩的腿部有了感覺，然後一小步一小步地重新開始學習行走、跑步，最後在 1960 年的羅馬奧運會得到三枚奧運金牌。

人生盼望

力克·胡哲（Nick Vujicic）天生沒有四肢，卻能衝浪、游泳，他鼓勵我們尋找人生盼望、創造奇蹟，期待奇蹟故事也在你我身上發生。

<推薦序> 種子結實百倍的智慧

陳明正

世界上賣得最多的一本書，大家知道是那本書嗎？答案是聖經（BIBLE），我是教導世界最暢銷書-聖經的牧師，這本最暢銷的書，有解決你人生所有問題的解答，包括生活智慧、夫妻相處、兒女教育、工作態度、孝敬父母等等。

聖經也有提到財富投資，有拿五千去做買賣，另外賺了五千的比喻；也有領一錠銀子去作生意，賺了十錠的比喻，這些去做買賣或去作生意的僕人賺了財富，被他的主人稱讚是「又忠心又良善的僕人」，他們去做買賣的投資報酬率是 **100%**，去作生意是十倍的獲利，聖經鼓勵我們用心地投資我們的所擁有財富。

就如這書中所提到的基金經理人彼得林區，他就是「又忠心又良善的僕人」，他管理的基金所挑選出的股票，有許多打出十壘安打的股票，也就是增值十倍的股票。

在聖經裡天國的比喻中，最活潑生動、引人關注的描述，是把種子埋在好土裡，種子最後長大三十倍、六十倍、甚至百倍。種子不會一夜之間就變成大樹，但時間到了，自然就長大茁壯，像孩子一樣，隨時間長成大人，買會結果實的種子回來種，讓種子每年幫你產出美好的果實，是個很好的主意，作者用「種搖錢樹」來比喻種子成長三十倍、六十倍、甚至百倍。

希望我們能將我們的財富，作穩健而智慧的投資，享受結實百倍的果實。

（本文作者為石門浸信會主任牧師）

<推薦序> 傳播投資的智慧

吳尚樺

作者與我都是「石門浸信會」基督教會的會友，我很早以前就在教會的見證集，看到作者投資股市獲利的見證。他看到我，有時也會善意向我報股市明牌，只是我沒有買股票的習慣。

作者教我們買不需要賣出的上市公司股票，以「種搖錢樹」的方式投資股票，很適合一般的上班族，投資人的心情不會隨股票價格的漲跌而起伏，符合聖經的教導： 「耶和華所賜的福，使人富足，並不加上憂慮」。

書出指出證券投資高手中的高手，巴菲特和彼得林區都是以「種樹」的態度，長期投資於股市，才能有很好的投資績效。

　　我是醒吾科技大學設計學院院長，高職畢業後，在金門當兵時，因緣際會開始玩攝影，後來走進傳播的行業，走進影視製作與設計這行，在產業工作廿年後進入學校，以服務產業培育所需之專業人才為目標，我認為任何學習沒有捷徑，一定是一步一腳印；投資也是一樣，不可能一夜致富，而是時間的累積，使財富增加。

　　希望這樣的投資智慧，能藉著這本書傳播出去，讓美麗寶島台灣，能因「種搖錢樹」而「民富國強」。

（本文作者為醒吾科大設計學院院長）

<推薦序> 創新金融科技（FinTech）

潘東豫 博士

　　自企業發展的軌跡來看，從理工背景轉戰商管領域的風潮，遠自工業革命時代即存在，瓦特出身工匠，以技術之優勢為基礎，獲得資金建立企業；近代資訊時代，許多高科技企業經營者，無不是自理工領域，循著瓦特的模式，成為成功的企業經營者。本人 1992 年赴美求學，我的母校王色列理工學院（**Rensselaer Polytechnics Institute, RPI**）的管理學院，獨鍾理工背景的研究生，也是一個培育理工背景的商管人才之搖籃。而毫無疑問的，本書作者游博士也在理工背景轉戰商管領域的行列中，作者雖是電子與資訊工程的理工背景，但游博士在學生時代，即充分展現企業經營的潛能，他透過聯華電子公司所舉辦的跨世紀校園創意大賽，獲得研究所組的銅牌獎，充分顯示他具有創新與創意的天分。

17

　　鑒於作者學習興趣的廣泛，從清華大學工業工程系學士、交通大學電子工程系碩士、以及中央大學的資訊工程系博士等三所國立大學的求學生涯，配合他個人創意創新的潛能，不但成功創立擁有包括目前的九智公司外，且將多年投資於股市與法拍屋的寶貴經驗，編輯「種搖錢樹，證券與法拍屋投資聖經」為書，提供大家一個學習的工具與機會，誠屬難得。

　　本人毫不懷疑，游博士在書中論述的要點與原則，絕對是絕佳專書之選，值得深讀熟讀。

（本文作者為中國科技大學企業管理系副教授、
　中華民國社會企業創新交流協會 理事長、
　國際工商經營研究社國際委員會 副主委）

<作者序> 投資的智慧

游良福

全世界最暢銷的書：聖經，它有人生的一切智慧。

聖經比喻人聽道理明白領受，好像落到好土的種子就結實有一百倍的、有六十倍的、三十倍的。投資就要像撒種的出去撒種，將錢財購買如種子的投資標的，讓種子結實三十倍、六十倍、一百倍。

股市投資選擇像種子的股票，就如第二篇選股策略篇所挑選三低一高（低股價、低本益比、低股價淨值比和高殖利率）的股票，三低一高的股票再經過成長型股票的複選條件，最後再做最後的股票決選，選出當時最好的投資種子。

股票的初選、複選及決選條件如下表，幫助我們挑選出適合投資的種子股票。

股票的初選、複選及決選條件

階段	投資股票 選股條件	要求 數值	原始資料 來源處	更新 頻率	資料格式
初選	低股價 低本益比 低股價淨值比 高殖利率	<20 <10 < 1 >3%	證券 交易所	每個 交易 日	HTML 網頁 或 csv 試算表
複選	公司每股盈餘 (EPS)	*成長 型股票	公開資訊 觀測站(彙 整報表)	每季 財報 公布	HTML 網頁 或 csv 試算表
決選	本益比 盈餘成長 未分配盈餘	最低 最快 最多	公開資訊 觀測站(個 股財報)	每季 財報 公布	pdf 或 doc 文書檔

*成長型股票，最近二年之年 EPS 成長，且最近一季 EPS 及最近一季的季營收額亦成長

聖經傳道書第 9 章第 11 節指出「快跑的未必能贏；力戰的未必得勝；智慧的未必得糧食；明哲的未必得資財；靈巧的未必得喜悅。所臨到眾人的，是在乎當時的機會。」

　　作者十多年股市投資的寶貴經驗，整理出適合長期、中期及短期的股市買股時機及時間點，在本書第三篇買股時機篇說明。

股市的買股時機及時間點

投資時間	股市機會	選股原則	時間點
長期投資	加權指數 9000 點以下	三低一高再複選決選之三階段選美	每月 10 日、季報、年報公布日
約六個月	申請上市或上櫃的公司	(低)本益比 <15	上市後 5 日內賣出
約五個月	董監事改選行情	(低)本益比 <15 (低)PB<1	改選前一年 11 月買，改選年 3 月賣
二週內	除權除息行情	高殖利率高可扣抵稅額	每年 6-9 月，參考技術線圖去年除權除息走勢
半年以上	轉機股	虧轉盈 (低)PB<0.5	脫離全額交割股
一年以上	資產股	低 PB、土地多、轉投資賺錢	技術月線圖之支撐價附近買
不固定	支撐價買壓力價賣	三低一高股票	技術月線圖之支撐與壓力波段操作
約二個月	融券放空	公司虧錢卻三高的股票	每年 5 月-11 月 >7%股票日週轉率

*PB：股價淨值比

　　所有資產的投資都應該以長期投資為主，在資產低價時買進並長期持有。若融券放空「公司一直虧錢，卻高股價、高股價淨值比及高股票日週轉率」的三高股票，仍以投資少量金額較適宜。

　　「工欲善其事，必先利其器」，第四篇投資工具篇，使用圖文、表格及實際範例，詳細解說如何運用智慧型手機及投資股市的網站，來幫助讀者能快速地挑選出可以成為「搖錢樹」的種子股票，並使用投資工具找出買賣股票的好時機。

　　尤其是智慧型手機的「離線推播」功能，幫助讀者做全自動地的股票到價通知，讀者不需要看盤，當股票的價格到達我們設定的價格，手機會自動通知我們股票買賣的時機到了。

　　第五篇投資高手篇，首先從投資模擬競賽開始探討投資高手的投資績效，再看一般公司及大學校務基金的投資績效，最後看看中華人民共和國與新加坡的國家主權財富基金。本篇讓我們向高手中的高手-巴菲特先生與高績效的基金經理人彼得林區先生學習，學習他們獲得投資高績效的選股策略

與股票投資方法。

　　第六篇投資歡喜篇，與讀者分享投資股票，是件快樂無比的事，做好股票的投資，所種下「搖錢樹」的種子股票，可以傳子傳孫。第七篇懸崖勒馬篇，說明股票投資應該盡量避免的一些注意事項。

　　學會投資的智慧，活到 90 幾歲仍可繼續投資，完全不受年齡和學歷的限制，一輩子受用無窮；也可以到世界各國投資，不受地理環境的限制，而且在台灣股票市場的獲利是不用繳任何所得稅，只要交千分之三的證券交易稅和證券商千分之 1.45 的交易手續費。

就如第十七章所指出的，新加坡雖然是個小國家，新加坡因為成立二個世界前十大的國家主權財富基金，到全世界各國家去投資賺錢，而能成為一個「民富國強」的國家。作者非常希望台灣能向新加坡學習，盡早成立國家主權財富基金，台灣跟新加坡一樣能到世界各國投資賺錢，使台灣也能成為一個「民富國強」的國家。

「民富國強」的台灣願景，仍有許多待解的難題，例如台灣少子化及墮胎問題、不正常性關係、毒品猖獗、終止詐騙集團金錢轉帳、兩岸和平統一等，祈禱 2020 年中華民國新總統，以聖經教導的智慧來達成「民富國強」的台灣。

第一篇 投資觀念篇

神為愛他的人所豫備的

是眼睛未曾看見

耳朵未曾聽見

人心也未曾想到的

~哥林多前書第 2 章 9 節

諾貝爾獎從 1901 年開始每年發放高額的獎金，諾貝爾獎金為什麼會經過 100 多年都花不光呢？原因就是藉由安全的證券（股票、債券等）投資，讓諾貝爾獎金的投資收入，可以生生不息地每年發放高額獎金。

　　在這投資觀念篇，希望讀者能買入會產生現金流入的股票和房地產，讓讀者除了薪資收入外，還能有被動收入，而法拍屋可以買到約房地產市價六成的房子，盼望讀者在台灣高房價的環境，透過購買較便宜的法拍屋，能解決高房價的問題。

第一章 投資市場的競賽

每年 10 月，國際的社會大事應該是諾貝爾獎幸運得主的公布，2017 年單項諾貝爾獎得主，有 800 萬瑞典克朗（約新台幣 2800 萬元）的獎金，諾貝爾獎從 1901 年開始每年發放高額的獎金，諾貝爾獎金為什麼會歷經 100 多年都花不光呢？

這就是證券投資的神奇奧秘所在！

諾貝爾獎是瑞典近代炸藥發明人諾貝爾，當年所捐出 3100 萬瑞典克朗（現值約 17 億瑞典克朗）的財產所設立的獎項，諾貝爾所立的遺屬如下：

「我（諾貝爾）遺留下可變現的資產應該這樣被處理：由我遺囑執行人透過安全的證券投資之資產，應被轉換成一份「基金」，而投資所獲得的收益，應平均分成五份，年年頒發

給那些在當年對人類全體福祉做出最大貢獻的人。」

諾貝爾獎金就是藉由安全的證券（股票、債券等）投資，讓諾貝爾獎金的投資收入，可以生生不息地每年發放高額的獎金。

因此，強烈地建議讀者一定要學會股票和房地產的投資，享受股票漲價和股息、房地產升值和租金的雙重利益。

在股票和法拍屋的投資市場，常有「一元賣五角」物超所值的投資機會出現，也就是當讀者買進這「一元賣五角」的股票和法拍屋，讀者就有機會賺一倍的利潤。

在投資市場中，讀者可以選擇把錢存在銀行，一年領 2% 左右的定期儲蓄存款利息；或者選擇在證券市場投資股票，每年領 5% 以上的股票股利/股息；或者讀者選擇買進房地產，每年收 5% 以上的租金，等到合適的時機，賣掉股票或房地產，獲得股票漲價或房地產升值的投資利益。

在投資市場的賽跑中，讀者想當一年領 2% 左右定期儲蓄利息；還是選擇每年領 5% 以上的股息或租金，並享受股票漲

價或房地產升值的投資利益。

投資法拍屋的利潤是很吸引人的，作者在 2011 年以法拍屋的應買公告價格 168 萬元，買進桃園龍潭福源路的透天厝，當時房屋的租金收入 9500 元/月，在出租 2 年後，之前用 168 萬買進的法拍屋，以 310 萬元的價格賣出，買賣法拍屋的獲利 70%以上。

在這投資市場的激烈競賽中，讀者是要坐飛機，還是要開車，或者讀者僅使用雙腳，來參加投資的競賽呢？

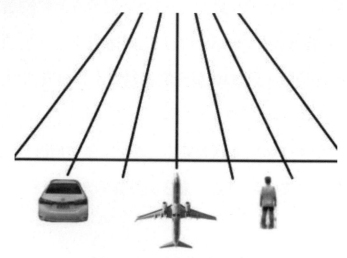

圖 1 投資市場的競賽

第二章 別人恐慌時，低價買進，長期持有

　　台灣的國家金融安定基金（簡稱：國安基金）在 **2000** 年初成立，國安基金之任務，係在國內外發生重大事件，並顯著影響民眾信心，致資本市場及其他金融市場有失序，或有損及國家安定之虞，國安基金就進場進行台灣股市的安定操作。

　　也就是在台灣股市大跌時，投資人哀嚎遍野之際，國安基金進場護盤買股票，這時通常是股票市場的股價低點，後來事實證明國安基金在市場恐慌時進場，最後都能有很好的獲利。

　　國安基金的投資績效，也因此比政府四大基金（包括公務人員退撫基金、勞保基金、勞退基金及郵儲基金）的投資績效好上許多。

　　低價時勇敢地買進股票或房地產等資產，並且長期持有股票或房地產，是億萬富翁之所以致富的主要原因。

　　想要每年領 5%以上的股票股息/股利或房地產租金，並享受股票或房地產漲價的雙重利益，讀者需要在別人恐慌賣出股票或房地產時，勇敢且貪婪地買進「一元賣五角」的低價股票或房地產，並讓股票或房地產的資產，長期地幫讀者產出甜美的果實。

　　例如，2008 年的世界金融危機，2011 年 3 月 11 日的日本大地震導致的股市大跌，危機入市的投資人，在低價時勇敢地買進股票或房地產，歷史的事實證明，投資人都會有很好的投資獲利。

　　投資大師巴菲特，有句重要的投資名言：「別人恐懼的時候，你要貪婪；別人貪婪的時候，你要恐懼。」

　　巴菲特的投資法則，就是要危機入市，當股市低迷，投資人恐懼時，要多買些低價的好股票；相反的，當股市非常地熱絡時，讀者反而要心存恐懼，降低手中的持股，而多保留現金。

　　所以，當台灣股價加權指數漲過 9000 點以上時，我們就應該要戒慎恐懼，檢視所買進的股票，趁機賣掉一些漲幅過多的股票，獲利了結。在台灣股價加權指數漲過 9000 點時刻，別人貪婪地高價買進股票，我們應該降低持股比例在 20%以下，增加手上現金比重，耐心等待股市合適的買點出現，或者讀者參考第九章，以部分的金錢融券放空「公司虧錢卻高股價、高股價淨值比及高股票日週轉率」的三高公司股票。

表 1 台灣股價加權指數與持股原則

時機	台灣加權指數	投資持股比例	投資原則	態度
別人貪婪時	9000 點以上	20%以下	多保留現金	戒慎恐懼
平常時	7000 點附近	約 50%	現金股票各半	股票選美買好股
別人恐懼時	5000 點以下	80%以上	多買股票	貪婪買進低價好股

　　若台灣股價加權指數跌破 5000 點以下時，股市大幅下跌，造成許多投資人恐慌地殺價賣出手中的股票，這時就會出現許多「值一元卻賣五角」打五折以上的股票，這時正是讀者要危機入市的好時機，是讀者應該多買股票的時刻，持股比例最好能有 80%以上。

　　讀者應該在加權指數跌得很多或好股票跌得很兇時，貪婪並勇敢地買進大量的低價好股。

　　一般的投資者，常把手上的全部現金都買了股票，當股票市場大跌，出現低價好股時，投資者手上卻沒有現金可以買股票，實在非常可惜。

　　平常時，若台灣股價加權指數在 7000 點上下，長期投資的股票持股約 50%，另外手上保持約 50%現金，等待低價好股的出現；若沒有出現低價的好股票，手上的現金可以存一個月的定期存款，到期自動續存，讓現金能有較高的利息。

第三章 薪資收入+資產所產生的被動收入

　　理想的人生應該是，除了努力工作，獲取穩定的薪資收入外，我們的金錢應該做適當的投資，買進股票或房地產等資產，獲取股票或房地產所產生的被動收入，有多種的收入來源，來建構理想的人生。

　　被動收入與薪資收入不同，被動收入只要付出一次的心力完成後，以後幾乎不需要再付出勞力與心力的，就會有現金收入，這樣的收入稱做被動收入。被動收入如定期存款的利息收入、書籍與樂曲的著作權收入、專利權的授權收入、投資股票的股息收入、及房地產的房租收入等。

　　以投資股票為例子，讀者投資某家公司的股票，不用到這家公司上班，只買這家公司的股票擔任股東，就能因為投資這家公司的股票而賺錢。

　　作為公司股東的讀者，可以每年領公司發的股票股利或股息，隨著公司一起享受公司賺錢獲利的成果。

　　實在棒極了！「什麼事情都不需要做，就有錢可以領」，作者每年領股票的股利股息時，就是這樣的幸福感受。這樣的生活實在太美妙了，這樣「好康」（台語）的事，一定要告訴讀者如何才能做到，本書與讀者分享如何在股市與法拍屋，挑選低價成長型的好股票與市價六折的法拍屋，讓讀者也一起擁有被動收入，享受「什麼事情都不需要做，就有錢可以領」的美妙生活。

　　「一分鐘億萬富翁 」一書的作者指出，要變成億萬富翁只有四種主要的方法：一、股市，二、房地產，三、商業，四、網際網路。

　　本書與讀者分享，如何使用智慧型手機和投資股市與房地產的網站，來順利擁有被動收入的來源：股票及房地產，希望我們都有機會能成為億萬富翁。

第四章 台灣高房價的解藥：買法拍屋

　　法拍屋可以讓買主買到市價約六折的房地產，幫忙讀者解決台灣高房價的問題，本章說明法拍屋的買賣流程及注意事項，和解釋持分法拍屋的法律規定：土地法第 34 條之一。而在第十六章介紹房地產及法拍屋相關網站及網站的操作實例。

　　營建署報告指出，台灣 2016 年的房價所得比為 9.3 倍，即台灣人民用所賺的錢買房子，要 9 年不吃不喝，用全部賺來的薪水來買房子。台北市房價所得比為 15.4 倍，台北市民要 15 年多不吃不喝來買房子。

　　一方面是台灣的薪資水準不高，一方面是房價過高，台灣人民不買房子是無殼蝸牛，非常可憐；但是，如果買了房子更可憐，買了房子立刻變成屋奴。向銀行貸款買房子，每月需要償還銀行貸款的本金及利息，每月辛苦賺來的錢，大部份的收

入都拿來繳納長達 20-30 年的房屋貸款，所以日常生活能動用的錢，變得很少。高房價因此連帶地影響台灣的民眾，無力也無心來多養兒育女，台灣高房價也是台灣生育率低的原因之一。

台灣高房價有解決的辦法嗎？

高房價解決方法之一是：買法拍屋。

法拍屋一般情形是，民眾因為買房地產或缺少現金，用房地產作為抵押品，向銀行抵押貸款，卻沒有辦法如期償還銀行的貸款。因此，房地產被法院拍賣，法院將拍賣所得還給債權人銀行。

法院第一次拍賣的底價，若沒有人出價而流標，第二次拍賣的底價為第一次拍賣的八折；同理，第三次拍賣的底價為第二次拍賣的八折，所以，通常法拍屋第三次拍賣的價格大約為房地產市價的六折左右。

一般而言我們買房子，我們不太會也不太敢跟屋主殺價，大力地殺到房屋市價的六折價格，更不太可能以房屋市價的六折成交，而且如果透過房屋仲介公司買賣房屋，還要另外付房屋成交價格的 2%-4%作為房屋仲介費用給房屋仲介公司。

我們如果透過法拍屋的拍賣程序購買房屋，順利的話可以買到房屋市價六折左右的房地產，而且不需要另外支付房屋仲介公司的房屋仲介費用。

購買法拍屋也有些要特別注意的事項，例如買到法拍屋得標時，需要在七日內繳清購買法拍屋的所有金額，而且法拍屋無法進入屋內查看法拍屋內部的屋況。

投標購買法拍屋，需要先付房屋拍賣底價的二成，做為投標買法拍屋的保證金，當買到法拍屋後，需於七日內付清剩下的 80%法拍屋尾款，如果讀者手上沒有足夠的現金，可以先買價格較低的套房或公寓，等以後再換大一點的房子或購買透天厝。

　　讀者若沒有足夠的現金，另一個選擇是向新竹企銀、安泰銀行、板信銀行及聯邦銀行等銀行辦理法拍屋貸款，這些銀行提供法拍屋代墊尾款的服務，但是代墊尾款的利息較高，因此當讀者買進法拍屋後，將代墊尾款的貸款改成房屋抵押貸款，因為房屋抵押貸款的利息較低，可以節省貸款的利息支出。

　　法拍屋雖然不能進入屋內察看屋況，想買法拍屋的購買者可以問房屋所在位置的左鄰右舍，來幫助了解法拍屋的屋況。

　　土地會增值，但屬於建物的屋子卻會折舊，所以法拍屋盡量選擇土地持份較多的透天厝，而建物是老舊的房子，因為老舊的房子取得時的價格會較低，並且房子只要經過適當的整修，以後就比較容易增加它的價值，用比較好的價格賣出。

　　法拍屋的資訊查詢，讀者可以由司法院網站（**www.judicial.gov.tw**）下方的「資料查詢」選項之一，點選「法拍屋公告」。

或者，讀者使用 **Google** 查詢「法拍屋」，找到「法拍屋查詢系統-司法院」的網站，點選法拍屋查詢系統進入法拍屋查詢系統。

之後，可以依法拍屋在那個縣市，而查詢法拍屋所在的台灣各地的法院，如台北、桃園、新竹、台中、台南等地的執行法拍法院。

然後，再選擇各地執行法院的房屋或者是土地之拍賣標的，並可以選擇第一次到第三次法院拍賣的一般程序，或者是第三次法院拍賣流標的應買公告物件。

法院三拍流標的法拍物件，會以三拍的底價作為買進此法拍物件的價格，並公告三個月的應買期間，稱為「應買公告」，就是一般所說的「特別變賣」或者「特拍」。

再來可以進一步的查詢法拍屋的房屋坐落地點、拍賣價格、面積、地點、是否點交、權利範圍等條件，來挑選找出價格合適讀者的法拍屋。

41

　　至於房屋的實際交易價格，可以參考內政部不動產實價登錄網站（lvr.land.moi.gov.tw），用實價登錄網站來查詢法拍屋附近房屋的實際成交價格，用來比較讀者想買進的法拍屋之價格是不是夠便宜。

　　找到價格合適的法拍屋後，需要再看房子所在的位置好不好，則要利用內政部提供的地籍圖資網路便民服務系統（easymap.land.moi.gov.tw），來幫忙找出法拍屋所在地點，是不是位於地理位置較佳的好房。

　　當讀者找到喜愛而且價格夠便宜的房子，就要到法拍屋的現地查訪，問問左鄰右舍，並看看法拍屋附近的環境，最後再到地方法院去投標。

　　尋找合適法拍屋的買進流程如下：

　　法拍屋查詢系統 ->執行拍賣的法院 ->房屋或土地 ->一般程序或應買公告 ->拍賣價格、面積、地點、點交否、權利範圍等 ->內政部實價登錄網站了解法拍屋附近房價 ->挑選價格合適的法拍屋 ->地籍圖資網路便民服務系統 ->現地查訪 ->法院投標 ->七日內付清尾款

　　法拍屋分為點交與不點交兩種方式，點交的法拍屋較單純，法院負責將法拍屋點交給得標的買主，較不會有糾紛發生；而不點交的法拍屋，通常是法拍屋內仍有人住在裡面，或土地上有不明產權的建築物等其他原因，買進法拍屋的新屋主，自己要想辦法請法拍屋屋內的人搬出去，或自行處理土地的地上物，買進不點交的法拍屋，可能要另外再花一筆錢，才能安心順利地住進房子。

　　若是曾發生命案的兇宅法拍屋，一般會在法拍屋拍賣文件中說明，兇宅法拍屋的價格也會特別便宜，因為大家都避而遠之。再來，有些法拍屋的房子，沒有辦理第一次所有權登記，或者房子沒有所在的土地所有權，也就是違建的房子，買這類法拍屋的屋主，將來可能成為需要拆屋還地的被告，盡量不要買這樣的法拍屋。

　　也有些法拍屋的房屋土地所有權，是由許多人共同擁有，也就是法拍屋在拍賣時，可能不是拍賣全部的所有權，可能是

拍賣部份所有權人的部份產權，例如拍賣持分二分之一，或持分三分之一的所有權法拍屋，買進這類不是全部所有權的持分法拍屋，手續上稍為繁雜，因為擁有其他部份持分的人，有優先購買權。

就算讀者以最高價得標，或是在應買公告時第一順位買到法拍屋，其他部份持分的法拍屋共有人，可以依讀者買進法拍屋的價格，擁有優先購買這法拍屋的權利，也就是部份持分的法拍屋共有人，可以用讀者買進法拍屋的價格，買進讀者得標的法拍屋物件。

若讀者想購買這類部份持份的法拍屋，因為考慮以後要處分賣出這部份持份的法拍屋，讀者持分的比例要超過三分之二，或者讀者與親友共同來買這持分的法拍屋，讀者與親友買進法拍屋的總人數比例，是要擁有這法拍屋持份總人數的二分之一以上，而且持分的比率要超過二分之一，那就擁有法律上的權利，將來可以有權利處分這法拍屋。

因為土地法第 **34** 條之一的規定：「共有土地或建築改良

物，只要持分超過三分之二，或者共有人過半數及其持分過半的同意，可以行使處分、變更及設定。」

　　台灣高房價的緣故，值得讀者花時間尋找及購買法拍屋，在奢侈稅及房地合一稅未實施之前，有人每年靠著買賣一間法拍屋，就能過著美好的生活，更有人因買賣法拍屋致富。

　　讀者您可以藉著買法拍屋，減輕買房的經濟壓力，不成為可憐的屋奴。作者的一位表哥，開工廠賣玩具賺了錢，後來將賺的錢，買賣法拍的廠房，讓表哥的財富更上一層樓。

　　買賣法拍屋的獲利蠻驚人，作者曾在 2011 年以法拍屋的應買公告價格 168 萬元，買進桃園龍潭福源路的透天厝，這是通往六福村主題遊樂園路寬 18 米大路邊的房子，離台全電機公司很近，這屋子的土地有 29.3 坪，建物權狀 31.9 坪，增建 27 坪。當時作者將買進的法拍屋整理後出租，每月的租金收入 9500 元，作者在法拍屋出租 2 年後，之前 168 萬買進的法拍屋以 310 萬元賣出，買賣法拍屋的獲利在 70%以上。

筆 記

第五章「種搖錢樹」：買入產生收入的資產

> 又有落在好土裡的
> 就結實
> 有一百倍的
> 有六十倍的
> 有三十倍的
>
> ~馬太福音第 13 章 8 節

一粒種子若是落在好的土地裡，就很有機會結出比種子大上百倍的果實，就如「富爸爸，窮爸爸」一書的宗旨，要我們學會買入資產，讓資產穩定給我們產生現金流入，就像我們退休後，什麼事都不必做，每個月就可以領到一份固定月領的退休金一樣，我們每一個人都應該學會買進資產，讓資產為我們穩定不停地產生現金收入。

奉勸親愛的讀者，千萬不要玩股票、不要炒股或炒房，但一定要投資股票或房地產；股票和房地產是要長期投資，而不是玩股票的心態或作短線的炒作。

47

購買股票，或者購買法拍屋是很好購入資產的選擇，趁低價買入不用賣出的股票，或者以市價六折左右買入的法拍屋，讓股票股息或房屋出租幫讀者長期產生現金收入。

買入能產生現金收入的股票或房地產，像不像種一棵會產生現金的「搖錢樹」？

本書也與讀者分享，適合長期、中期及短期的股票投資機會，並建議讀者投資股票盡量以長期投資為主，趁低價買入不用賣出的股票，買進股票後，就像種下「搖錢樹」一樣，每年享受「搖錢樹」產生的現金流入。

本書用圖表及實際的例子，教導親愛的讀者，如何使用智慧型手機和網際網路經常被使用的投資網站，來買進低價的好股票，和購買合適的法拍屋。

讓我們一起買進會產生現金流入的資產，一起來種會產生現金流入的「搖錢樹」：股票與法拍屋。

第二篇 選股策略篇

天國又好像買賣人

尋找好珠子

遇見一顆重價的珠子

就去變賣他一切所有的

買了這顆珠子

~馬太福音第 13 章 45 節

證券投資有所謂的三低一高的選股原則，即「低股價、低本益比、低股價淨值比及高殖利率」，再經過公司獲利成長的複選條件，最後決選本益比最低、盈餘成長最快及未分配盈餘最多的公司股票。所決選出的「漂亮寶貝」股票，由技術線圖的月線圖，來決定買進的價格及數量，並做股票總資產的價值評估，以金字塔的價格方式，分批買進新選的好股票；或以倒金字塔價格的方式，分批賣出手中舊有應功成身退的持股。

投資股市選擇好公司的股票，就像環球小姐選美，需要經過嚴格的選美條件，經過股票初選、股票複選及股票決選的過程，精挑細選地找出當時價格低廉，而且公司愈來愈賺錢的優質股票。

有些不賺錢的公司，公司股票的價格卻漲得非常的高，而且股價淨值比很高，這類公司的股票通常在 7%以上的股票日週轉率時，是股票融券放空的好時機。

第六章 三低一高選股，像環球小姐選美

如何投資股市？ 有兩個人的對話是這樣的：

有一個人說：「買股票最簡單不過了，買那些正在上漲的股票，不就賺錢了！」

另一個人問：「我買的股票卻不會漲吧！怎麼辦？」

那一個人回答：「賣掉你的股票，改買那些正在漲的股票就好了。」

從這二個人的對話看來，買股票似乎很簡單，買正在上漲的股票，買的股票上漲了，自然會賺錢，只是我們不知道買進股票的下一刻，股票是不是還會繼續上漲？還是會下跌？

證券投資有所謂的三低一高的選股原則，即「低股價、低本益比、低股價淨值比及高殖利率」的初步選股原則，若再經過公司獲利成長的複選條件，最後再決選本益比最低、盈餘成長最快及未分配盈餘最多的公司股票，選出「一元賣五角」物

51

超所值的「漂亮寶貝」股票。

表 2 三低一高的選股策略

環球小姐 選美條件	三低一高 選股原則	要求 數值	理由
年輕	低股價	<20	公司成長初期 或股價超跌時
貌美	低本益比	<10	成本低、利潤高
腰細	低股價淨值比	< 1	物超所值
胸挺	高殖利率	>3%	利息所得高

　　投資股市選擇股票，就像環球小姐選美比賽，參加選美的佳麗不僅要年輕貌美，而且要腰細胸挺；而選擇股票的第一選股條件，就如選美的第一條件是要年輕一樣，股票的價格需要在 20 元以下；再來的選美條件是貌美，就像選擇本益比在 10 倍以下的股票；另一個選美條件是要腰細，就如股價淨值比要小於 1 的股票；而胸挺的選美條件，則是要求股票的殖利率至少要有 3%。

　　股票一天的漲跌就有 **10%**，因此低本益比的選股條件要求，比低股價淨值比和高殖利率的選股條件更為重要，因為本益比愈低，股票價格上漲的機會愈大；至於選擇股價淨值比小於1，是因為股票的價格低於股票的價值，股票價格被低估，將來股票價格上漲的機會也很大。

　　股價淨值比小於 1 代表股票價格低於公司的淨值，代表股票的價格已經低於公司的價值，股票的價格是物超所值，可以考慮買進股票，但要在股票複選的階段剔除因公司獲利減少而導致股價下跌的股票。

　　至於選擇殖利率大於 **3%**的股票，則是選擇所買入的公司股票，每年都有盈餘獲利來分配股利或股息，避開投資虧損公司的股票。

　　殖利率大於 **3%**比銀行一年期的定存利息還高，讓讀者投資股票所賺到的利息收入，比把錢存入銀行一年定期存款的利息要多，而且當讀者急需要用錢時，賣掉股票後的第二天就

可以拿到現金。

以目前台灣股票市場的現況而言，錢存銀行不如買銀行股；買人壽保險，不如買壽險股。

為什麼選擇股票的價格要定在 20 元以下的條件呢？那不就會錯過許多投資的機會，而買不到非常好公司的股票了嗎？答案是：不會的！

台灣的公司一開始的面值為每股 10 元，當公司的股價到 20 元時，已經漲一倍了，定股價 20 元以下，是讓我們盡量在公司成長初期，就能提前找到它們，而不是等到公司股票的價格漲了二倍或三倍以上，甚至公司的股票成為百元俱樂部成員，才去買它們。

公司的股票價格低於 20 元，當然有可能是因為公司經營不善，股價自然下跌；但也有可能是公司的股價被低估，更有可能是因為股市大盤下跌，市場人心惶惶，大家急著賣股票換現金；另外有可能是，在該公司所屬的行業，是在市場景氣循環週期的谷底，即將谷底翻身。

不論是什麼原因，作者選定 20 元以下條件的選擇股票，可以幫助讀者找出這些被低估的好股票，事實也證明台灣有許多 20 元以下被忽視的好股票。因為這 20 元以下的股票條件，可以讓讀者買進一棵較便宜的種子，而不是讓讀者買棵貴重的大樹。

下一章將用實際的例子，來說明三低一高的選股原則所初步選出的股票，經過成長型股票的複選，再決選本益比最低、盈餘成長最快及未分配盈餘最多的公司股票之三階段選股策略，篩選出低價的好股票。

至於本益比、股價淨值比及殖利率等證券投資的專有名詞及投資運用，將在本書後面的附錄，進一步解明如何運用這些財務報表的數據，來幫助做投資決策。

筆 記

第七章 股票初選、複選及決選三個階段選股

本章以 2017 年 5 月 10 日股市收盤後的資料為範例，來實際說明如何以三低一高的選股原則，初選出符合三低一高的上市公司股票，再經過股票複選及股票決選的三階段挑選，而篩選出「一元賣五角」物超所值的漂亮寶貝。

※股票初選階段

股票初選階段，即前一章所指出的選擇三低一高的股票，即股價低於 20 元、本益比低於 10、股價淨值比低於 1 及殖利率高於 3%。

要選出三低一高的股票，首先進入台灣證券交易所的網站，在台灣證券交易所網站的首頁點選上方的交易資訊選單，再點選盤後資訊，然後繼續點選「個股本益比、殖利率及股價淨值比（依日期查詢）」。

種搖錢樹，證券與法拍屋投資聖經

　　最後，在出現網頁的分類項目選擇金融保險，就可以查詢出以下的結果：所有的上市公司屬於金融保險類公司，它們2017 年 5 月 10 日當日收盤後的本益比、殖利率及股價淨值比的數據，如下圖所示。

圖 2 臺灣證交所查詢個股本益比、殖利率及股價淨值比

在台灣證券交易所的網站中，尋找低本益比、低股價淨值比及高殖利率的公司，台灣證券交易所網站的點選順序如後：

台灣證券交易所的首頁＞交易資訊＞盤後資訊＞個股本益比、殖利率及股價淨值比（依日期查詢）＞分類項目選擇金融保險。

在台灣證券交易所的網站中，找出上市公司的本益比、股價淨值比及殖利率數據後，需要再經人工挑選的方式，找出本益比低於 10，股價淨值比低於 1，和殖利率高於 3%的股票，並將股票價格超過 20 元的公司股票去掉，就得到三低一高的股票初選條件之合格公司名單。

或者，將台灣證券交易所找出來的上市公司屬於金融保險類公司的本益比、殖利率及股價淨值比的資料，以 csv 檔案格式下載，再用試算表（如 EXCEL 或 Google 試算表）打開 csv

檔案，並運用試算表的篩選與排序功能，找出股價 20 元以下，本益比小於 10 倍，股價淨值比小於 1，及殖利率高於 3%的公司股票。

2017 年 5 月 10 日，在台灣股市加權指數接近萬點之際，以環球小姐選美條件，三低一高的初選條件找出的金融保險類股，符合條件的有下列的七家公司。

表 3 2017.5.10 符合三低一高的上市金融保險類股

證券代號	證券名稱	殖利率(%)	股利年度	本益比	股價淨值比	5/10股價
2852	第一保	4.81	2016	7.89	0.73	13.50
2851	中再保	3.47	2016	8.47	0.82	14.40
2867	三商壽	5.99	2016	8.62	0.82	15.35
2812	台中銀	7.31	2016	9.04	0.77	9.85
2845	遠東銀	6.88	2016	9.09	0.72	9.45
2834	臺企銀	4.79	2016	9.60	0.70	8.35
2838	聯邦銀	4.95	2016	9.00	0.66	9.09

2017.5.10 符合股票三低一高初選的上市金融保險類股，其中以產險公司 2852 第一保的本益比 7.89 為最低，以銀行

股 2838 聯邦銀的股價淨值比 0.66 為最低，而銀行股 2812 台中銀的殖利率 7.31%為最高。

除了台灣證券交易所查詢三低一高的上市公司股票，台股投資網站也有提供股票篩選的功能，譬如，Goodinfo！台灣股市資訊網，該網站提供股票篩選的功能，可以篩選出三低一高的股票。

作者將以實際例子來解說 Goodinfo！台灣股市資訊網的股票篩選功能，使用股票篩選功能來挑選出被嚴重低估的資產股（第十四章第二節），和使用股票篩選功能來挑選出三低一高的公司股票（第十六章第四節）。

若以相同三低一高的選股條件，在 2017 年 5 月 10 日台灣加權指數為 9969 時，使用台灣證券交易所的網站所初選出所有上市公司股票，符合三低一高選股條件的所有上市公司有以下 19 家公司的股票。

表 4 2017.5.10 符合三低一高的所有上市公司股票

證券代號	證券名稱	殖利率 (%)	股利年度	本益比	股價淨值比	0510 股價
2546	根基	7.94	2016	9.79	0.91	18.9
9946	三發地產	4.24	2016	9.75	0.64	11.8
2535	達欣工	8.62	2016	6.14	0.81	19.2
5519	隆大	4.29	2016	6.81	0.68	11.7
2834	臺企銀	4.79	2016	9.6	0.70	8.35
2845	遠東銀	6.88	2016	9.09	0.72	9.45
2812	台中銀	7.31	2016	9.04	0.77	9.85
2838	聯邦銀	4.95	2016	9.00	0.66	9.09
2867	三商壽	5.99	2016	8.62	0.82	15.4
2851	中再保	3.47	2016	8.47	0.82	14.4
2852	第一保	4.81	2016	7.89	0.73	13.5
1605	華新	5.41	2016	9.52	0.68	13.0
5469	瀚宇博	3.77	2016	7.57	0.58	15.9
6116	彩晶	6.39	2016	3.73	0.65	7.83
2461	光群雷	5.21	2016	9.72	0.85	15.8
3038	全台	4.00	2016	9.26	0.89	10.0
1337	再生-KY	3.75	2016	9.89	0.37	13.4
2024	志聯	6.67	2016	7.56	0.75	9.0
1312	國喬	5.21	2016	7.36	0.97	19.2

在上面的表格中，**2017.5.10** 符合股票三低一高初選的所有上市公司股票，其中以電子股 **6116** 彩晶的本益比 **3.73** 為最低，以塑膠股 **1337** 再生-**KY** 的股價淨值比 **0.37** 為最低，以營建股 **2535** 達欣工的殖利率 **8.62%**為最高。

若台灣股市加權指數在較低的點數，股價低於 **20** 元、本益比低於 **10**、股價淨值比低於 **1**，和殖利率高於 **3%**的三低一高之股票初選，所找出符合條件的公司數量會比較多。

※股票複選階段

在上千家的上市公司，由股價低於 **20** 元、本益比低於 **10**、股價淨值比低於 **1**，和殖利率高於 **3%**的三低一高之股票初選階段所挑選出來的公司股票，有些公司的股價低是因為公司的獲利減少，公司的股價跟著下跌。

表 5 股票的初選、複選及決選條件

階段	投資股票選股條件	要求數值	原始資料來源處	更新頻率	資料格式
初選	低股價 低本益比 低股價淨值比 高殖利率	<20 <10 < 1 >3%	證券交易所	每個交易日	HTML 網頁 或 csv 試算表
複選	公司每股盈餘 (EPS)	*成長型股票	公開資訊觀測站(彙整報表)	每季財報公布	HTML 網頁 或 csv 試算表
決選	本益比 盈餘成長 未分配盈餘	最低 最快 最多	公開資訊觀測站(個股財報)	每季財報公布	pdf 或 doc 文書檔

*成長型股票，最近二年之年 EPS 成長，且最近一季 EPS 及最近一季的季營收額亦成長

　　因此，在股票複選的階段，要從三低一高股票初選的公司股票中，去除公司的股價低是因為公司的獲利減少，股價跟著下跌的公司，而複選挑選出獲利穩定成長的公司股票。

　　股票複選條件為公司近二年每股盈餘 EPS 增加，最近一季的每股盈餘 EPS 比前一年的季盈餘 EPS 增加，而且最近一季的季營收總額比去年的季營收總額增加，從三低一高的股票初選出來之公司股票，需經過成長型公司的股票複選階段。

　　股票初選三低一高的原始資料來源主要來自台灣證券交易所，資料更新的頻率為每個交易日，而股票複選與股票決選階段所需要用到的公司每季的每股盈餘 EPS 及公司未分配盈餘等資料，則來自公開資訊觀測站(網址為 http://mops.twse.com.tw) 所提供的個別公司財務報表，資料更新的頻率為公司每季公布財務報表之時間。

　　公開資訊觀測站提供的每家公司的財務報表，是每家上市公司每股盈餘 EPS 及未分配盈餘等資料的最初資料來源，

而證券公司的股票交易軟體及台股股市網站，亦會使用公開資訊觀測站提供的個別公司財務報表資料，經整理個別公司的財務數據後，提供給股市投資人參考。

　　讀者也可以自行從公開資訊觀測站，下載每一季的財務報表數據，以試算表篩選出三低一高的股票初選，再經股票複選及股票決選的三階段選股，篩選出「一元賣五角」物超所值的漂亮寶貝，只是如此的人工操作程序較為繁複。

　　在股票複選階段，或者到了股票決選階段，找不到任何符合條件的公司股票，那就是台灣股價加權指數處在高檔，每家公司股票的股價都漲太多了，所以找不到物超所值的好股票；相反地，若是台股的股價加權指數較低檔時，證券市場的公司股價普遍處於低水位，自然會出現較多符合條件的公司股票。

　　YAHOO！奇摩股市的網站，提供公司是否為成長型公司的相關資料，於 YAHOO！奇摩股市的網站，在股票代號/名稱處輸入股票代號或名稱，例如輸入 1312 或國喬後，再點選國喬的基本資料選項，可以查詢到 1312 國喬的公司資料、營收

盈餘及股利政策等，我們從 YAHOO！奇摩股市網站的公司資料可以找出 1312 國喬公司最近四年的每股盈餘（EPS）。

上面表格 4 中，2017.5.10 符合三低一高的十九家公司股票，可以再藉由 YAHOO！奇摩股市的網站，找出最近二年每股盈餘（EPS）都增加的公司，而且公司最近一季的 EPS 比去年第一季 EPS 增加，還有最近一季的營收比去年同一季的季營收要增加，這樣就能複選出三低一高而且是穩定成長型的公司股票。

從 YAHOO！奇摩股市的網站，股票複選的結果符合近二年 EPS 每年增加的條件，只有 2461 光群雷及 1312 國喬二家公司。

從 2461 光群雷的公司基本資料看出，2461 光群雷 2014 年（103 年）公司的每股盈餘（EPS）為 0.56 元，2015 年（104 年）EPS 為 1.12 年，2016 年（105 年）每股盈餘 1.63 元，2014 年到 2016 年連續二年 EPS 成長。

獲 利 能 力 (106第1季)		最新四季每股盈餘		最近四年每股盈餘	
營業毛利率	24.20%	106第1季	0.05元	105年	1.63元
營業利益率	6.13%	105第4季	0.73元	104年	1.12元
稅前淨利率	0.36%	105第3季	0.46元	103年	0.56元
資產報酬率	-0.09%	105第2季	0.21元	102年	1.49元
股東權益報酬率	-0.49%	每股淨值:	17.58元		

圖 3 2461 光群雷公司基本資料

但是 2461 光群雷 2017 年（106 年）第 1 季的 EPS 只有 0.05 元，從上一季 2016 年（105 年）第 4 季的 0.73 元明顯衰退，2017 年（106 年）第一季營收也比去年 2016 年（105 年）第一季衰退 8%，2017 年（106 年）第一季每股稅後盈餘比去年第一季每股稅後盈餘衰退 78%。

因此 2461 光群雷公司的股票，並不符合複選條件所需要的成長型股票的所有條件，2461 光群雷公司的股票只符合每年的每股盈餘 EPS 成長，但不符合每季的每股盈餘 EPS 成長。

獲 利 能 力 (106第1季)		最新四季每股盈餘		最近四年每股盈餘	
營業毛利率	17.76%	106第1季	0.86元	105年	2.65元
營業利益率	11.75%	105第4季	1.02元	104年	1.62元
稅前淨利率	17.23%	105第3季	0.63元	103年	0.31元
資產報酬率	3.19%	105第2季	0.36元	102年	2.15元
股東權益報酬率	3.78%	每股淨值:	20.33元		

圖 4 1312 國喬公司基本資料

在 **YAHOO**！奇摩股市的網站，從 **1312** 國喬的基本資料，看出國喬 2014 年（**103** 年）到 2016 年（**105** 年）的 **EPS**，從 **0.31** 連續成長到 **2.65**。

而且從 **1312** 國喬營收盈餘的選項，看到國喬的 **2017** 年（**106** 年）第一季營收比去年 2016 年（**105** 年）第一季成長 **18%**，而且 **2017** 年（**106** 年）第一季稅後盈餘比去年 2016 年（**105** 年）第一季稅後盈餘成長 **18%**，**1312** 國喬通過複選所需要的成長股條件。

※股票決選階段

　　進入決選的股票，已經符合三低一高的初選條件，而且再通過公司盈餘獲利成長的複選條件，決選則要在這些通過複選的股票中，再找出其中條件最好的一家公司股票。

　　股票決選的條件，通常是以本益比為第一優先考量，本益比最低的股票，以後股票價格上漲的幅度會最大，再來是公司盈餘成長的速度，EPS 年成長速度較快的，以後股票格上漲的幅度也會較大，因為股票的價格與公司每股盈餘 EPS 成正比，公司每股盈餘 EPS 愈高，公司的股價會愈高，再其次是股價淨值比，有些賺錢的股票，股價淨值比不到 0.7，就是股價被嚴重低估了。

　　公司的獲利能力要強，也是決選考慮的因素，即公司的毛利率、營益率及稅後淨利率愈高愈好，愈高的數值，代表產業是屬於利潤較高而且競爭能力較強的產業，而非低利潤的削價競爭行業。

在決選的階段，除了考慮公司的獲利能力，也要一併考慮公司的財務狀況要好，也就是公司的負債比率要少，至少在同業中的負債比率是較少的，負債過高的公司，公司的經營槓桿過高，營運風險較大，而且公司需要負擔高額的利息費用。

若互相比較的公司上述的決選條件都差不多時，決選最後的考量，是選擇相對於公司每股股價而言，公司有較高比率的每股未分配盈餘與資本公積，亦即公司「每股未分配盈餘與資本公積」除以每股股價的數值是比較高的。

例如每股股價 15 元的公司，有 7.5 的每股未分配盈餘與資本公積，相對於公司每股股價，公司每股未分配盈餘與資本公積的比率為 50%。這樣的公司會比每股股價 10 元，公司每股未分配盈餘與資本公積為 4 元的股票好（每股未分配盈餘與資本公積相對於每股股價的比率為 40%），因為相對於每股股價，前者將來每年可能配發較高比率的股利或股息。

71

以 1312 國喬為例，使用元大證券所提供的「行動點金靈」股票交易軟體，在「行動點金靈」的自選股中，輸入代號 1312 或輸入名稱國喬，並在選擇國喬後，點選畫面右上角的「功能」，再選擇盤後資訊的基本資料。

可以得知 1312 國喬 2017 年 5 月 10 日當日的收盤價格為 19.2 元，並看到國喬的本益比為 7.36，股價淨值比為 0.97，殖利率為 5.21%，而國喬的獲利能力，它的毛利率 17.7%，營業利益率 11.7%，稅前淨利率 17.2%，並且國喬的負債比為 14.6%。

以國喬的決選條件看來，國喬是屬中等的，不是上上之選，通常上上之選的公司，它的本益比可能小於 7，或者它的股價淨值比可能小於 0.7。

在元大證券的「行動點金靈」，點選國喬右上角的「功能」，然後點選盤後資訊，再來點選財務分析，最後點選資產負債季表，就看到 1312 國喬最近一季的資產負債表。

期別	106.2Q	106.1Q	105.4Q	105.3Q
現金及約當現金	1,369	1,359	1,066	1,053
短期投資	0	0	130	61
應收帳款及票據	2,890	2,560	3,033	2,560
其他應收款	40	37	25	29
短期借支	0	0	0	0
存貨	1,781	1,861	1,651	1,516
流動資產	8,136	8,019	7,772	6,833
長期投資	8,082	7,748	8,075	7,558
土地成本	3,411	3,411	3,411	3,411
房屋及建築成本	1,558	1,545	1,567	1,553
機器及儀器設備成本	13,293	13,171	13,351	13,129
固定資產	8,084	8,083	8,260	8,346
資產總額	25,256	24,851	25,005	23,676
流動負債	3,379	2,380	2,887	2,728
長期負債	0	1	2	3
其他負債及準備	1,263	1,263	1,269	1,221
負債總額	4,642	3,644	4,158	3,952
股東權益總額	20,614	21,208	20,847	19,724
普通股股本	9,066	9,066	9,066	9,066
特別股股本	200	200	200	200
資本公積	124	124	124	124
法定盈餘公積	1,166	926	926	926
特別盈餘公積	1,658	1,700	1,700	1,700
未分配盈餘	5,412	6,346	5,566	4,677
長期投資評價損失	0	0	0	0
少數股權	2,556	2,541	2,603	2,486
負債及股東權益總額	25,256	24,851	25,005	23,676

圖 5 1312 國喬每季的資產負債表

　　詳如上圖，在 1312 國喬資產負債表的季表中，得知 1312 國喬的股本 90 億（9 億股），而 2017 年第一季（106.1Q）國喬的「每股未分配盈餘+每股資本公積」為每股 7.18 元（63.46 億+1.24 億/9 億股），而 1312 國喬 2017 年 5 月 10 日當天收盤時的股價為 19.2 元，算出 1312 國喬的每股未分配盈餘+每股資本公積為當日每股股價的 37.4%，這個比值愈高愈好。

　　在股票決選階段，當最後決選進入冠亞軍的股票，若他們的本益比與股價淨價比都差不多時，就要比較他們「每股未分配盈餘+每股資本公積」除以當日每股股價的比值，比值愈高愈好。

　　在進入股票決選階段的公司中，選擇比較出最好的股票，每個人的決選條件並不一定會相同，但是原則是相同的，即是三低一高的原則，三低的值愈低愈好，一高的值愈高愈好；而公司年每股盈餘 EPS 的成長速度愈快愈好；而且公司的獲利能力要強，和公司的負債比率要少。

股票決選階段，是要選出當時唯一最好的公司股票，而不是股票選美選出超過一位的后冠，應該就是只有一位后冠，最多另外一家公司的股票只是最終決選的備選，也就是只挑選一家公司的股票就好，不要這家公司的股票不錯，那家公司的股票也很好，就這家公司買十張股票，那家公司也買十張股票，兩家都不錯的公司，仍能比較出優劣的，只選出當時唯一最好的一家公司股票。

最後決選出來的優質股票，就要在下一章決定買進的價格和數量。

筆 記

第八章 買進價格及數量、換股操作秘訣

本章就決選出來的公司股票,先以公司的本益比及成長性,與之前已經買進持有的股票比較,做股票總資產的評估,決定是否要賣掉舊股買進新股,並以技術線圖來決定買進的價格及數量,最後說明買賣股票操作技巧:以金字塔的價格方式買進股票,以倒金字塔型的價格方式賣出股票。

假設選出當時后冠的漂亮寶貝 A 公司,就看后冠 A 公司的技術線圖之月線圖,看當時的股票價格在什麼價位,是在支撐價附近或在壓力價附近。

以股票代號 1312 國喬為例,2017 年 4 月 28 日國喬股票的收盤價格為 19.75 元,以國喬股價的月線圖,可以看出它的上方壓力價格為 24 元左右,支撐價約 13.5 元,因此最佳的買價為 13.5 元附近,大約 24 元左右賣出,而且加權指數在萬點附近,持股比例應在 20%以下,此時應多保留現金,應再等待

較好的買進時機。

圖 6 1312 國喬公司股價月線圖之支撐與壓力

　　找出「一元賣五角 」物美價廉的漂亮寶貝後，將漂亮寶貝公司的股票與手上持有的股票做優劣比較，若新選出的股票比手上持有的股票好，就應賣掉舊股換新股，汰弱換強，把不會賺錢的股票，換成會賺錢的股票，就像種果樹一樣，要把不結果子的枝子剪掉，讓養分完全給結果子的枝子結出更美好的果實。

第四篇投資工具篇介紹運用智慧型手機的到價提醒功能，提醒讀者您在 **1312** 國喬股票價格 **13.5** 元以下，通知讀者您買進國喬股票的時機到了，在國喬股票價格 **24** 元以上，通知您賣出國喬股票的時機到了，讀者您不必每天看盤，讓智慧型手機全自動為讀者看盤，為讀者提供股票到價通知的服務。

選出的環球小姐后冠，就是當時找到的最好一支股票，要買進的價格則由它技術線圖的月線圖，看它的價格是否處於價格的低檔，並由月線圖查看它以前是否有每三年的董監改選行情，和它每年除權（息）前後的價格變化，來決定先買幾張，或等到更好的時機再多買些。

決選出的股票與手上持有的股票做整體評估考量，股票的總資產價值評估，主要仍是第二篇選股策略篇所指出的，以低股價、低本益比、低股價淨值比及高殖利率的三低一高為原則，再加上是成長型的股票，而且本益比最低、盈餘成長最快及未分配盈餘最多的公司股票，做為股票優劣比較的最

後選擇。

買進 1312 國喬   賣出 1312 國喬
                      24.15　4　張
                      24.10　3　張
                      24.05　2　張
                      24.00　1　張

24.00　1　張
23.95　2　張
23.90　3　張
23.85　4　張

　　而股票買賣的操作技巧，若以 **1312** 國喬股票價格在 **24**
元附近為例，若要買進 **1312** 國喬的股票，應以如上的金字塔
價格方式買進股票，即價格愈低買進的張數愈多；若要賣出
股票以倒金字塔型的價格方式賣出，即賣出價格愈高賣出的
張數愈多。

　　因為股票每天的交易價格是變動的，買賣股票的操作秘
訣，是以上述的金字塔價格方式買進股票，並以倒金字塔型
的價格方式賣出股票。而且股票最好是分批買進及分批賣出，

盡量降低買進的平均成本及提高賣出的平均價格。

　　作者常在參加股東會時，發現其他的股東經常是在公司的股票高價時買進股票，當公司盈餘衰退甚至公司開始虧錢時，仍捨不得賣掉股票。

　　股東最好的方式應該是，當公司盈餘衰退甚至公司開始虧錢時賣掉股票，用賣掉股票的錢，換股改買進第二篇選股策略篇所教的方法，所選出「一元賣五角」的低價好股。

筆 記

第九章 公司虧錢卻三高的股票融券放空

「公司一直虧錢，卻高股價、高股價淨值比及高股票日週轉率」的三高股票，是適合融券放空的股票，融券放空要避開每年 4 月份的需要融券強制回補規定，融券放空最好的時間為每年的 5 月至 11 月期間。

公司虧錢卻擁有三高的股票，台灣股市目前有文化創意類股及生技類股，本章以文化創意類股，股票代號 6111 大宇資為例子，說明公司一直虧錢，卻高股價、高股價淨值比及高週轉率的股票，當股票的日週轉率大於 7%時通常是放空的好時機。

股票代號 6111 大宇資在 2017 年 5 月 10 日的收盤價為 174.5 元，10 年都沒配發任何股利或股息，6111 大宇資的股價淨值比為 16.2 倍，由大宇資的技術分析日線圖看出，大宇資雖然是年度虧損的公司，2017 年 4 月股價在 130 元左右，

股價淨值比約 **12** 倍，大宇資的股價卻被拉抬到 **260** 元以上。

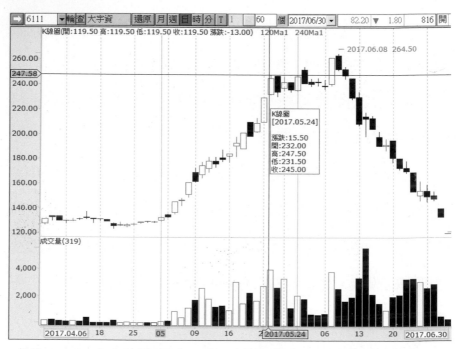

圖 7 6111 大宇資股價成交量之日線圖

　　而在 **2017** 年 **5** 月 **24** 日 **6111** 大宇資成交股數為 **3969** 張，以 **6111** 大宇資的總發行股數為 **48187** 張計算，日週轉率為 **8.2%**，當日大宇資的收盤價 **245** 元，並在 **6** 月 **7** 日的成交量

為 3795 張,當日為近期的最高價 261.5 元,當日的日週轉率為 7.8%,隔日 6 月 8 日大宇資的股價就開高走低,一路從 264.5 元向下跌,而且 6 月 14 日為最大成交量 5543 張,日週轉率為 11.5%,股價仍繼續向下溜滑梯。

在 2017 年 5 月 24 日及 6 月 7 日,6111 大宇資之股票日週轉率都大於 7%,一般而言,虧損公司而高股價、高股價淨值及高股票日週轉率的三高股票,放空好時機是第一次日週轉率>7%時,有時最高價會在第二次日週轉率>7%才發生,原則上大於 7%日週轉率是融券放空的好時機。

歷史的經驗告知,公司是虧損的而且是三高的股票,當第一次(有時是第二次)很大成交量而且大於 7%股票日周轉率的股票,股價通常已經來到股價高檔的頂點附近,股價通常再也漲不上去了,也就是融券放空的好時機。

　　股票選美買進的股票標的，原則選上市公司即可，而融券放空的股票標的原則選上櫃公司即可，因為上市公司的上市條件比上櫃公司的上櫃條件所要求的公司獲利性高出許多，也就是上市公司的獲利能力普遍比上櫃公司好。

　　若上櫃公司的獲利情況好轉後，通常會申請由上櫃公司改為上市公司，因此一般在上市公司中選美找出價好股，而在上櫃公司中找出適合融券放空的股票。

※本夢比的公司

有些上市(櫃)公司長期虧錢,公司的股票價格卻高於 50 元,有些甚至公司的股價在 200-300 元以上,股價非常的不合常理,這類公司的股票,我們通常稱之為本夢比的公司,即給投資人未來公司會賺許多錢的美好夢想,能不能達成夢想仍舊是個未知數,但是股票價格過高於常理,例如本益比 300 倍的公司,指的是公司要經過 300 年才能賺到與股價相當的金額,買進這類的股票,風險非常的高。

就如以前網際網路開始盛行的時候,只要是 .com 的網際網路公司,就算公司是虧損的,也能在美國上市,而且在美國股票市場擁有很高的本夢比,到最後都成為經濟的泡沫,經不起時間的考驗。

而現在台灣部分的生技股,治療愛滋病或者治療癌症的生技公司,宣稱以後每年能賺進幾百億,甚至幾千億的新台幣,但是公司仍然每年都在虧損中。

目前癌症的用藥，在醫學上宣稱能延長癌症病患 5 個月的壽命，需要每個月要花 20 萬元左右新台幣的藥費，讓投資人看來投資治療癌症的生技股，未來應該會大發利市。

但是癌症病人只要每天睡眠充足、多休息、多運動及生活壓力減輕些，就能延長超過 5 個月的壽命以上，而且幾乎不用花多少錢。

只是癌症病患被癌症是個絕症給嚇著了，除了接受手術切除腫瘤外，還要進行對身體毒害很強的化學治療及一連串的放射治療。

再試想感冒這類的小病，全目前全世界還沒發現安全而可以殺死感冒病毒的藥，醫師開的藥，是讓感冒病人容易昏睡，讓人體的免疫系統產生抗體把感冒的病毒殺死。

因此投資人不宜買進「本夢比」的公司，譬如公司沒有獲利卻股價很高的生技股與文化創意產業。

第三篇 買股時機篇

凡事都有定期

天下萬務都有定時

~傳道書第3章1節

股價的變動原理，讓我們從證券投資基本面，了解公司本質的改善，會影響公司股價的上漲；並由證券投資技術面，了解在股票的支撐價與壓力價附近，是適合買賣股票的時機。

　　第二篇選股策略篇介紹三低一高的三階段選股（美）及股票買賣的操作策略，還有適合融券放空的股票標的為公司虧錢卻三高的股票。

　　本篇買賣時機篇，與讀者分享股票的投資良機和時間點，其中包括股票首次公開發行（IPO）、董監改選行情、除權除息時機、轉機股和資產股、公司減資股票及支撐壓力處買賣等股票等投資良機。

　　股市所有的買股時機及時間點，作者綜合整理後，詳述於第十四章的表格 7。

第十章 質變>量變>價變的股價變動原理

已有的事，後必再有
已行的事，後必再行
日光之下，並無新事

~傳道書第 1 章 9 節

公司體質的改變，導致公司股票的成交量增加，最後影響公司股票的價格變化，這種質變>量變>價變的公司股價變動原理，比單純量價關係的技術分析，更能發揮投資效益。

台灣原先漲停跌停價格限制為 7%，自 2016 年 6 月起改為和中國大陸股市相同的漲停跌停價格限制 10%，而美國的股票是沒有漲停跌停限制，就像在德國一半以上的高速公路開車是沒有速限一樣，漲停跌停是沒有限制。

若今日某家公司股價漲停 10%鎖死，這時可以看看該漲停公司的新聞報導，看看公司是不是剛賣掉一筆土地、賣掉投資的子公司、公司減資的利多消息等原因，而引起買盤大增。

91

我們可以由公司股價漲停或跌停，來幫助我們找出公司體質的改變，輔助我們做買賣股票的參考。

在第七章股票初選、複選及決選三階段挑選出的漂亮寶貝，常常在我們買進股票之後，以漲停板告訴我們選對股票了。

股票的日週轉率為股票當日的成交量除以該公司發行股票的總數量的比率，7%的股票日週轉率，代表當日該公司的所有股票有 7%在股票市場交易，一般大股東持股公司的比例為 5%，也就是大股東有可能當日把全部的股票都賣掉，所以7%以上的股票日週轉率，通常是大股東賣股求現的當日，一般而言 7%以上的股票日週轉率是融券放空的好時機。

所以在前面的第九章曾以 6111 大宇資為例，說明公司虧錢，卻高股價及高股價淨值比，而在大於 7%的高股票日週轉率是融券放空的好時機。

　　支撐與壓力的股票買賣原則，是在支撐價附近買進股票，在壓力價附近賣出股票，支撐價格是歷史股價的低點附近所畫出的水平線，壓力價格是歷史股價的高點附近所畫出的水平線。

　　以下圖 1312 國喬公司的股價月線圖為例，國喬歷史股價的低點附近所畫出的支撐價格為 13.5 元，國喬的歷史股價的高點附近所畫出的壓力價格為 24 元，因為在 13.5 元附近的價格為國喬的歷史股價的低點，投資人會有買進意願，股價不容易向下跌破，而在 24 元附近的價格為國喬的歷史股價的高點，投資人會有賣出獲利的動機，股價不容易向上衝破 24 元。

1312 國喬公司的股價月線圖

　　因此通常個股股價在支撐價附近是買進股票的好時機，
而個股股價在壓力價附近是賣出股票的好時機。

　　如果個股的每股盈餘持續成長，個股的股價突破壓力價
格是早晚的問題，讀者可以在個股的股價突破壓力價格之前
就提前買進，不必等股價突破壓力價再買進，一方面可以降低
買進的成本，一方面避免個股股價急漲，讀者就不想買進。

　　公司股票價格的變化，通常是公司本質上獲利的改變，例如公開發行公司轉變成為上市上櫃公司，或者公司更換經營管理人員，還是公司開發出新的產品，也有可能是公司從食品類股轉型變為生技類股等原因。

　　這些公司本質上的改變，以致有更多人願意多買些這家公司股票，因此再帶動股價的變動，這種公司的本質的改變，再改變公司股票成交量，最後再影響股價的變動。

筆 記

第十一章 買申請上市或上櫃的公司股票

在證券櫃檯買賣中心（**www.tpex.org.tw**）網站，點選興櫃的當日行情，除了可以看到興櫃公司的當日買賣成交價，也可看到下圖：興櫃公司申請上市（櫃）的時間進度。

證券櫃檯買賣中心 Taipei Exchange 興櫃當日行情表

註:本行情表每分鐘更新乙次，有關興櫃股票之即時交易狀況，可至「興櫃股票市
註:外國興櫃公司簡稱於屬性部分出現「*-註冊地簡稱」者，表示該股票為無面額
註:上市進度資訊請至證交所網站查詢(本國公司，外國公司)，請投資人注意。

時間:106年09月01日 13:03:00
顯示 全部 ▼ 筆資料

代號	名稱	前日均價	報買價	報買量	報賣價	進度日期	上市櫃進度(註)
6547	高端疫苗	29.76	29.59	10,001	29.85	106/08/17	送件申請上櫃
6461	益得	39.27	38.88	3,004	39.33	106/08/15	送件申請上櫃
6615	慧智	76.10	76.77	3,900	77.24	106/07/31	送件申請上櫃

另外，元大證券公司所提供的行動點金靈，也有提供正在申請上市（櫃）公司的興櫃公司之資訊，在「行動點金靈」的工具選項下之點選股精靈的興櫃選股，再點選掛牌進程選股法，作者要找的股票是已提出申請上市（櫃）的興櫃股票，找出這些正在申請上市（櫃）的興櫃公司。

以元大證券公司的行動點金靈，查詢申請上市上櫃的興櫃公司之步驟：

登入行動點金靈 ->工具 -> 選股精靈 ->興櫃選股 -> 掛牌進程選股法 -> 我要找的股票是已提出申請上市（櫃）的興櫃股票 ->開始尋找 -> 找出申請上市上櫃的興櫃公司

2017 年 6 月 21 日利用元大證券公司所提供的行動點金靈，所找出的正申請上市（櫃）的興櫃公司如右圖，再從這些表列的公司去挑選買進本益比 < 15 的公司，等到公司首次公開發行上市（IPO, Initial Public offering）時賣出賺取差價，通常 IPO 時的股票本益比大約 20 倍左右。

選股精靈

掛牌進程選股法

日期:06/21

公司名稱	均價(元)	漲跌	成交張數	申請類別	掛牌進程	申請日期
4807日成-KY	74.58	↑0.47	22	上市	承銷	106/06/13
4562穎漢	60.53	↑0.50	N/A	上市	董事會核准	106/06/20
6579研揚	116.96	↓0.62	30	上市	董事會核准	106/06/20
6541泰福-KY	115.09	↓0.14	N/A	上市	董事會核准	106/05/16
6556勝品	49.84	↓0.08	3	上櫃	董事會核准	106/04/28
4961天鈺	N/A	0.00	N/A	上市	董事會核准	104/10/27
1268漢來美食	184.32	↑1.21	N/A	上櫃	審議會核准	106/06/12
6574霈方	162.99	↑4.30	1	上櫃	審議會核准	106/06/12
4741泓瀚	N/A	0.00	N/A	上櫃	審議會核准	106/05/26
4155訊映	N/A	0.00	N/A	上市	審議會核准	106/05/22
6534正瀚	239.42	↓6.39	3	上市	審議會核准	105/11/21
3592瑞鼎	N/A	0.00	N/A	上市	審議會核准	97/09/23
1796金穎生技	81.61	↓0.52	16	上櫃	送件	106/04/28
6553豐華	35.26	↓0.20	N/A	上櫃	送件	106/04/28
6593台灣銘板	40.50	↓0.17	25	上櫃	送件	106/04/25
6441廣錠	N/A	0.00	N/A	上櫃	送件	106/04/25
8342益張	75.12	↑2.16	22	上櫃	送件	106/03/16
6453健永	N/A	0.00	N/A	上櫃	送件	106/03/03
2741老四川	75.89	↑0.01	6	上櫃	送件	104/05/18
6428淘米	N/A	0.00	N/A	上櫃	送件	102/08/29
6416瑞祺電	N/A	0.00	N/A	上市	送件	102/04/02
4170鑫品	N/A	0.00	N/A	上櫃	送件	102/04/02
5244弘凱	N/A	0.00	N/A	上櫃	送件	101/10/26
1594日高	N/A	0.00	N/A	上櫃	送件	101/08/15
4537旭東	N/A	0.00	N/A	上櫃	送件	101/04/20
8359錢櫃	N/A	0.00	N/A	上櫃	送件	101/04/19
3644凌嘉科	N/A	0.00	N/A	上櫃	送件	100/06/13
3168眾福科	9.77	↓0.03	18	上櫃	送件	95/11/29

選股條件:
我要找的股票是已提出申請 上市櫃 的興櫃股票

行情	下單	帳務	工具	情報	設定

表 6 點金靈查詢申請上市（櫃）的興櫃公司

通常台灣加權指數在高點時例如 9000 點以上，興櫃的股票也會一起水漲船高，較不容易找到合適的低價好股，台灣加權指數在較低點時，是比較容易找到合適的低價好股，

所以買賣申請 IPO 的興櫃公司股票之原則，和買賣上市公司的股票相同，台灣加權指數在高點時，應多保留現金，反之則可以多買些申請 IPO 的興櫃股票。

挑選這些申請上市（櫃）IPO 的興櫃公司股票，除挑選本益比小於 15 的公司，最好公司的負債比要低，獲利能力要好。

因為有些申請 IPO 的興櫃公司，因財務狀況不佳或其他條件不符上市（櫃）規定，申請上市（櫃）的文件被退件或自行退件，以致無法順利 IPO 上市（櫃），所以投資 IPO 的興櫃股票有時也要靠點運氣。

第十二章 每三年一次的董監事改選行情

每三年一次的董監事改選，董事為繼續保有董事職位，不會輕易賣掉手上的股票，假如這家公司的股價，低於它的價值(淨值)，更會有人會想買入這家公司的股票，成為公司的董事或董事長，因此在董監改選年度的前一年，董事或有心人就會陸陸續續地買進這些股價低於淨值的上市（櫃）公司股票。

一般而言，董監改選年度的前一年 11 月左右是低價買進時機，而在改選年度的 3 月是股價的高點，這樣的情形，可以由該公司技術線圖的月線圖，查出三年前董監改選該公司的股價變化。

因為股東會前的 60 天是股東名冊確認日期，也就是 4 月前買進股票的股東才有選舉公司董監事的權利，4 月以後買進股票的股東沒有選舉董監事的權利，也因此通常在 3 月

附近，想競選公司董監事的人，已經都買好了股票，所以改選董監事當年的 3 月通常是股價的最高峰。

，趕快註冊來看看朋友對哪些內容按讚。

台股上市櫃董監改選年度

董監任期最多3年，多數公司每3年改選一次
資本額大於100億，將採通訊投票

搜尋: 2015

公司	成立年度	上市櫃年度	股價	淨值	董監持股比例%	資本額(億)	董監改選年度
台泥	1950/12/29	1962/02/09	34.85	28.92	12.04	369.22	2015
信大	1964/03/15	1991/12/05	11.45	14.27	30.28	37.89	2015
味王	1959/07/04	1964/08/24	24	18.43	22.28	24	2015
大飲	1965/07/24	1981/04/15	15.5	12.26	13.03	5.66	2015
卜蜂	1977/08/22	1987/07/27	65.6	23.9	10	26.8	2015
台榮	1969/03/13	1991/11/20	10.15	12.62	20.32	17.71	2015
聯華	1955/07/20	1976/07/19	27.55	24.19	25.46	95.65	2015
大統益	1982/05/24	1996/02/09	90.3	23.5	67.66	16	2015

圖 8 撿股讚網站提供的董監改選年度資料

例如今年是 **2017** 年，要查 **2018** 年有董監改選的公司，可以在撿股讚-台股分析的網站（**stock.wespai.com**），點選股東會紀念品選項內的董監改選年度，並在圖 **8** 畫面右上的搜尋空白處，輸入 **2015**，因為每三年一次董監事改選，**2015** 年改選的公司，**2018** 年需要再改選一次。

　　從這些 **2018** 年要改選董監事的公司，再找出股價淨值比小於 **1** 的公司，這些公司的股價小於公司的價值，比較會有董監事改選的行情，股價淨值比愈低愈好，最好是該公司還有許多尚未土地價值重估的土地，或是該公司有賺錢的轉投資子公司，該公司通常會母以子貴。

　　這些每三年一次的董監改選資料，會經由財經記者綜合整理後，不定期在財經雜誌或財經報紙公布。

　　財經雜誌例如：智富、財訊、今週刊、先探及萬寶週刊等，財經報紙例如：經濟日報或工商時報，這些財經雜誌和報紙，可以在各縣市的圖書館免費觀看，而先探及萬寶週刊可以在一些有商學院的大學圖書館或國家圖書館免費觀看。

　　而在兆豐證券的網站，可以查詢公司是否有大量的土地，在兆豐證券網頁的右側有台股查詢的空白處，在空白處輸入公司的股票代號或是公司的名稱，滑鼠按下搜尋。

　　例如，兆豐證券的網站輸入 **1109** 或信大，再滑鼠按下搜尋，即出現 **1109** 信大的個股分析、基本分析、**籌碼分析**、財務分析及技術分析等個股資料。

圖 9　兆豐證券網站查詢公司土地資產

　　當點選 **1109** 信大的基本分析之土地資產，就可以查出如圖 **9** 的 **1109** 信大公司所有土地資產，包括土地的面積及取得成本等資料。

若點選當點選 **1109** 信大的基本分析之轉投資，就會列出 **1109** 信大公司所有轉投資的子公司，和 **1109** 信大轉投資所買的債券等資料。

每三年的董監改選行情，從技術線圖的月線圖可以清楚看出，大約是改選年度前一年的 **11** 月附近是股價低點，而改選年度的 **3** 月是股價的高點。

第十三章 每年 6-9 月的股票除權除息時機

每年上市（櫃）公司開完股東會後，會在 6-9 月將去年賺的錢，將公司獲利的一部份，以股票或現金分給投資的股東，即是發放公司股利或股息。

2013 年開始實施二代健保，股東收到超過 5000 元以上的股利或股息，要扣股利或股息的 2%，做為二代健保之用，而自 2016 年 1 月 1 日起二代健保補充保費，股利所得應扣取補充保險費由 5,000 元提高為 2 萬元，補充保險費率也自 2016 年 1 月 1 日起由 2%調降為 1.91%。

在 2013 年二代健保未實施之前，每年的 6-9 月公司發放股票股利或股息，大部份的公司股票，都能在除權除息後，短時間內填權或填息，投資人很容易在每年 6-9 月的股票除權除息期間，賺到填權或填息的錢，也就是股票除權除息的前一天買進，股票填權填息後賣出。

　　但是二代健保實施後，大部份公司的股票都無法短時間填權或填息，反而是大戶會在除權除息前幾天拉高股價，在除權除息前一日股價達到最高價時賣出股票，反而在除權除息日以後，股價一路下跌。

　　也就是大戶不想被扣 2%的二代健保費用，選擇在除權除息的前一日拉高股價，趁機賣掉股票，等除權除息一段時間後再撿便宜買回股票，散戶就可以在選定的公司股票除權除息前幾天買進股票，在除權除息的前一天賣掉大戶拉高股價的股票，不參加除權除息，賺除權除息前的股票價差。

　　以 2890 永豐金為例子，如下圖，2016 年 8 月 11 日股票股利（除權）0.5 元，現金股息 0.43 元，除權除息前一天股價被拉到最高價 10.7 元，除權除息後股價一路下跌。

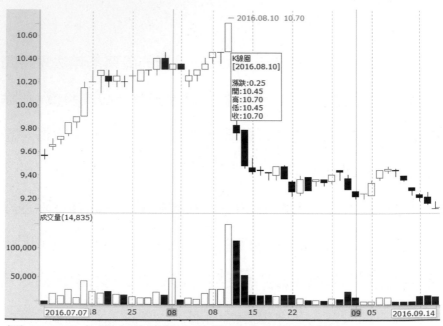

圖 10 2890 永豐金除權除息的股價成交量日線圖

　　二代健保實施後，讀者可以改以除權除息大約前五個交
易日買進股票，而在除權除息前一天賣掉股票，以賺取股票的
價差；或者想要買進的股票，延後在股票除權除息後，找較低
的價位買進。

　　因為除權除息的價差買賣機會，屬於短天期的股票買賣交易，短天期的價差和利潤有限，風險也比較高，需特別謹慎買賣操作。

　　通常可以參考當年度已經除權除息的其他股票之技術線圖走勢，和參考想買賣股票的去年除權除息之技術線圖走勢，來研判當年度股票的除權除息買賣機會，每年的除權除息行情，可以參考技術線圖的去年除權息時的股價，找出適合的除權除息買賣時間點。

　　大致而言，當年度所有股票的除權除息股價走勢會相類似；而股票去年除權除息股價走勢，也會跟今年的除權除息股價走勢相類似，除非有重大影響股市的法令修改，例如取消股利的二代健保費用，才會改變上述當年度所有股票除權除息，及個股今年與去年除權除息走勢的類似性。

筆 記

第十四章 其他買股良好時機

買股良機除了第二篇選股策略篇所介紹三低一高的三階段選股（美）及股票買賣的操作秘訣，並適合融券放空的股票標的為公司虧錢卻三高的股票。

本篇買賣時機篇，首先與讀者分享股票的投資良機和時間點，包括股票首次公開發行（IPO）、董監改選行情、股票除權除息時機等。

而其他的買股時機，還有買轉機股、資產股、公司減資及支撐壓力處買賣等股票投資良機。

111

　　股市適合的買股時機及時間點，作者綜合整理如下表。

表 7 股市的買股時機及時間點

投資時間	股市機會	選股原則	時間點
長期投資	加權指數 9000 點以下	三低一高再複選決選之三階段選美	每月 10 日、季報、年報公布日
約六個月	申請上市或上櫃的公司	(低)本益比 <15	上市後 5 日內賣出
約五個月	董監事改選行情	(低)本益比 <15 (低)PB<1	改選前一年 11 月買，改選年 3 月賣
二週內	除權除息行情	高殖利率高可扣抵稅額	每年 6-9 月，參考技術線圖去年除權除息走勢
半年以上	轉機股	虧轉盈 (低)PB<0.5	脫離全額交割股
一年以上	資產股	低 PB、土地多、轉投資賺錢	技術月線圖之支撐價附近買
不固定	支撐價買壓力價賣	三低一高股票	技術月線圖之支撐與壓力波段操作
約二個月	融券放空	公司虧錢卻三高的股票	每年 5 月-11 月 >7%股票日週轉率

*PB：股價淨值比

一、公司股價跌到谷底，或者由虧轉盈的轉機股

利用股價淨值比的數值，可以幫助讀者找出跌到谷底的股票，在個股幾乎是最低價的附近買進股票。研判公司股價跌到谷底的方法是從臺灣證券交易所的網站，查詢盤後資料的「個股日本益比、殖利率及股價淨值比」，再從當時股價淨值比最低的前幾名，找出已經跌到谷底附近的股票，而這股票的股價淨值比也是這家公司股價淨值比的歷史低點附近。

以 6116 彩晶公司股價成交量月線圖為例，在 2016 年 5 月為彩晶的股價波段的低點，股價低於 3 元（最低 2.88 元）。

由圖 12 看出在 6116 彩晶在 2016 年 5 月股價谷底時的股價淨值比，當月 16 日 6116 彩晶的股價淨值比為 0.31，為當時所有上市公司股價淨值比最低的第二名，也是 6116 彩晶個股股價淨值比的低點附近。

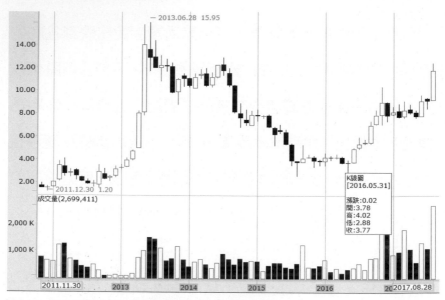

圖 11 6116 彩晶公司股價成交量月線圖

　　當公司股價一直下跌，有可能是因為公司虧損，但是當公司由虧損轉盈餘獲利時，可能就是公司股價上漲的轉機股，這些轉機股大都是 10 元以下，甚至是 5 元以下的水餃股。

圖 12 6116 彩晶公司股價谷底時的股價淨值比

　　但是買進轉機股的價格一定要小於它的淨值，而且公司虧轉盈的原因，不是因為公司賣地或賣投資的子公司，只有一次性的業外獲利，而是公司隨景氣的復甦，使本業營業收入增加，讓公司開始由虧損轉變為有獲利盈餘。

由虧轉盈的公司，如果公司原來的淨值小於 5，會因公司賺錢，使淨值增加超過 5，就能由全額交割股或管理股票，變為正常一般交易的股票，這也會使公司的股票因流動增加而股價大漲。

例如 2017 年 6 月 30 日收盤後，在 Goodinfo！台灣股市資訊網，使用網站的股票篩選（新），設定本淨比（股價淨值比）小於 1，淨值小於 5，單季 EPS 大於 0.1，找出 2025 千興與 2475 華映兩家全額交割股的公司，其中 2025 千興有可能再賺錢後淨值大於 5，成為一般交易股票的虧轉盈轉機股。

2025 千興為上市鋼鐵股，它的本益比為 4.67，2017 年第一季 EPS 賺 0.2 元，每股淨值 4.53，股價淨值比為 0.66，流動比 99%，速動比 25%。

2025 千興的流動比小於 200%，速動比小於 100%，財務情況並不理想。

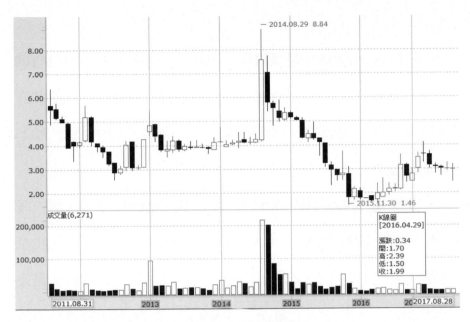

圖 13 2025 千興公司股價谷底的月線圖

2025 千興 2016 年第二季開始由虧轉盈，第二季財報公布日期為 2016 年 8 月，千興的股價 2015 年 11 月為股價低點（最低 1.46 元），由財報公布轉虧為盈的基本面來買進 2025 千興，顯然屬於落後指標，買進 2025 千興的價格較高並不理想，雖然也可以賺到錢。

117

若用技術指標的量價關係，2025 千興每天成交量為 100 張以上，變成成交量不到 50 張，乏人問津的時候可以提前在 2017 年 3-4 月間買進，用每股 3 元以下較低的價格買進 2025 千興的股票。

同樣地，2475 華映 2016 年第二季開始轉虧為盈，第二季財報公布日期為 2016 年 8 月，華映股價 2016 年 5 月為股價低點，若用技術指標的量價關係，2475 華映每天成交量為 2000 張以上，變成成交量不到 1000 張，乏人問津的時候可以提前在 2016 年 5 月間買進，用每股 0.5 元以下的較低價格買進 2475 華映股票。

因為千興與華映為二家公司淨值 5 元以下的全額交割股，證券交易所並沒有提供它們的股價淨值比數據，讀者可以從它們的財務報表得知，或者在本書第四篇所介紹的手機股票交易軟體及台灣股市網站中，查到它們的股價淨值比數據。

二、被嚴重低估的資產股

被嚴重低估的資產股，也是買進股票的好時機。

例如 2017 年 6 月 30 日收盤後，在 Goodinfo！台灣股市資訊網，使用網站的股票篩選（新），設定本淨比（股價淨值比）小於 0.6，公司負債比小於 40%，單季 EPS 大於 0.1，找出三家公司：1314 中石化、1337 再生-KY 及 1608 華榮。

其中 1314 中石化股價 11.65 元，淨值為 22.2，中石化 2017 年第一季 EPS 為 0.57 元；1337 再生-KY 股價 13.45 元，淨值 35.6，再生-KY 的 2017 年第一季 EPS 為 0.57 元；1608 華榮股價 9.31 元，淨值為 16.9，華榮 2017 年第一季 EPS 為 0.26 元。

因 1337 再生-KY 以前有財報不實的不良記錄，公司的誠信不佳，不列入買進考量；1314 中石化 2017 年一季 EPS 為 0.57 元，成長性比 1608 華榮更好，所以 1314 中石化是最優

先的資產股買進股票標的，中石化的每股盈餘 EPS 看來也是由虧轉盈的轉機股。

由元大證券公司行動點金靈或 Goodinfo！台灣股市資訊網的財務報表之季報表資料，可以看出 1314 中石化的股本 235 億，現金及約當現金加上短期投資有 100 億，即中石化的現金及約當現金加上短期投資，每股有 4.3 元，2017 年第一季的累計虧損為 6.3 億，2017 年應可順利轉虧為盈，所以 2018 年配息的機會很大，2017 年 6 月 30 日中石化收盤價 11.65，淨值 22.2，物超所值應該買進。

目前公司股價在 20 元以下，公司卻擁有龐大土地資產的公司有 2913 農林及 1437 勤益控，讀者可以在這些公司股價在相對低檔時，適量買進股票，種下可以傳子傳孫的「搖錢樹」。

三、公司現金減資或公司彌補虧損減資

公司減資主要分為現金減資、彌補虧損減資及庫藏股減資三種，公司減資減少公司的資本額，使公司的股本減少，導致公司每股淨值和每股盈餘（EPS）的提升。

公司每股盈餘（EPS）的提升，對於未來公司的股價亦有提升的作用，所以有一些公司減資的股票，在公司減資後上市的第一天，有時會以漲停反應未來的利多。

一般以買公司現金減資的股票，獲利的機會比較大，若是買彌補虧損的公司減資股票，因為虧損公司的獲利若沒有轉虧為盈，股價也就不會有什麼起色。

圖 14 Google 快訊提醒的建立

　　讀者若要獲得公司減資的訊息，可以運用 **Google** 提供的快訊提醒功能，在網址 **www.google.com.tw/alerts** 輸入「減資」，再按建立快訊，當網路上出現減資的新聞或網頁時，會傳送減資的訊息，到讀者所指定的電子信箱。

四、支撐價附近買進，壓力價附近賣出

另一個買賣股票的好時機，是在股票支撐價附近買進，在股票壓力價附近賣出股票。股票支撐價是股票近期的價格在低點所畫的水平線，股票壓力價是股票近期的價格在高點所畫的水平線。

在股票的支撐價附近買進股票，而在股票的壓力價附近賣出股票，賺取股票的價差，但要注意的是，股價漲過壓力價格，壓力價格會變成支撐價格。

同樣的道理，當股價跌破支撐的價格，支撐的價格會變成以後股價上漲時的壓力價格，就是所謂的「漲過壓力，壓力變支撐」及「跌破支撐，支撐變壓力」。

個股的股價是否會漲過壓力價格，或者股價會跌破支撐價格，跟個股的獲利盈餘息息相關。當個股的獲利盈餘減少，個股股價就容易跌破支撐價格；當個股的獲利盈餘增加，個股股價就容易漲過壓力價格。

123

因此，結合技術線圖及公司獲利的基本面，可以幫助投資人在適當的價格，提前進場買進股票。

圖 15 2303 聯電公司的股價支撐與壓力圖

例如，以上圖 2303 聯電的股票價格變動為例，在 2017 年 1 月至 3 月間，聯電的壓力價為 2017 年 1 月 13 日的最高價 11.8 元，因此在 11.8 元壓力價格為賣出的時機。

　　但當 2303 聯電在 2017 年 2 月 24 日漲過壓力價 11.8 元後，壓力價變為支撐價，在 2017 年 4 月中以後聯電股價跌回支撐價 11.8 元附近是買進的好時機。

　　智慧型手機安裝免費的股票交易軟體，例如元大證券公司的「行動點金靈」和富邦證券公司的「e 點通」股票交易軟體，股票交易軟體提供股票股價到價通知的功能。

　　譬如，在讀者設定好「行動點金靈」和「e 點通」的到價通知功能，在 2303 聯電股價低於 12 元就通知讀者，讓讀者不用每天看盤，當股票到達了讀者設定適合買進的股票價格時，智慧型手機就會自動通知讀者買進股票。

　　下一篇投資工具篇，將用圖文詳細說明如何設定智慧型手機的股票交易軟體之到價通知功能。

筆 記

第四篇 投資工具篇

一名砍樹工人辛苦工作三個小時，樹木的砍痕卻很小。

旁人勸他：「何不暫時休息，把斧頭拿去磨利一點？」

砍樹工人說：「我砍樹都來不及了，怎有時間去磨斧頭？」

你要先磨利你的斧頭？還是先砍樹？

智慧型手機可以幫助讀者順利投資台灣股市，本篇投資工具篇介紹台灣前二大證券公司，元大證券所提供的免費手機股票交易軟體「行動點金靈」，及富邦證券的免費手機股票交易軟體「e 點通」。

　　本篇與讀者分享這二個手機股票交易軟體，所提供輔助投資人投資台股的股價到價通知等功能，至於其他不同證券公司所提供的股票交易軟體，它們大部份的操作與功能都相同，只有小部份不一樣而已。

　　本篇另外介紹網際網路上，提供台股投資分析及買賣法拍屋的網站，讀者可以善加使用。

第十五章「智慧型手機」你的投資寶劍

　　本章介紹台灣前二大證券公司的股票交易軟體：元大證券公司的「行動點金靈」及富邦證券公司的「e點通」，說明這些股票交易軟體所提供的上市(櫃)公司的基本面、技術面、財務面等資料，和這二個軟體所提供的股價到價通知功能。

　　讀者請拿起你的智慧型手機，下載並安裝台灣的證券公司所免費提供的股票交易軟體，跟著作者書中的說明來操作，一起體驗投資寶劍：智慧型手機的強大威力。

　　股票的股價到價通知，就算讀者沒有開啟智慧型手機的股票交易軟體，手機的股價到價通知之功能，仍能以離線作業達成，這也是智慧型手機比電腦更進步的一項功能，稱做手機的「離線推播」功能。

筆 記

一、手機的股價到價通知、Google 快訊提醒

智慧型手機或平板行動裝置，現代人幾乎人手一機。手機不到 **300** 公克，不到半台斤，可以隨身攜帶，以前必需坐在個人電腦上才能執行的工作，現在手機漸漸的都可以做了，不用等到回家或上班時，直接用智慧型手機或平板就可以完成。

例如，以前使用個人電腦交易股票，現在使用智慧型手機就可以交易股票，智慧型手機還額外提供提醒的功能，譬如股票價格的到價通知，及 **Google** 的快訊提醒。

若讀者對證券公司所免費提供的股票交易軟體不熟悉，譬如智慧型手機的股票交易軟體如何設定股票到價通知。若有任何疑問，可以打電話請教讀者在那家證券公司開戶買賣股票的營業員。

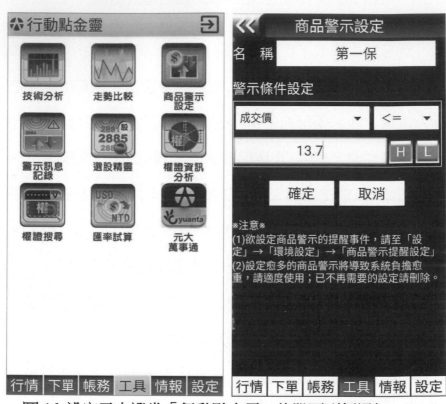

圖 16 設定元大證券「行動點金靈」的股票到價通知

　　行動點金靈的到價提醒功能，在行動點金靈的工具之商
品警示設定，於商品警示的右上角按「新增」，並填入商品名
稱，例如填入股票代號 **2852** 或第一保，再選成交價**<=13.7**，

最後按確定，即設定好第一保股價低於 **13.7** 時，智慧型手機
立即通知讀者。

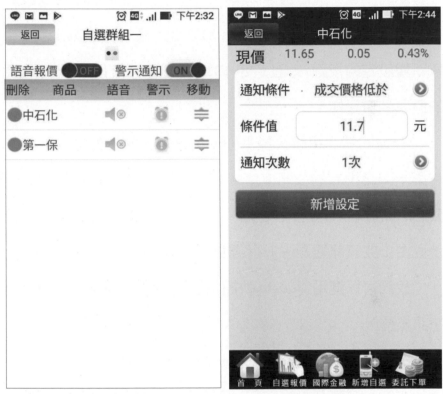

圖 17 設定富邦證券「e點通」的股票到價通知

富邦證券的「e 點通」，在自選報價內，按下在「自選群組」內右上角的編輯，會列出「自選群組」內所有的股票，按下警示的鬧鐘，例如選擇 1314 中石化的鬧鐘，通知條件設為「成交價格低於」，條件值設為 11.7 元，通知次數為 1 次，再按新增設定的按鍵，即設定好 1314 中石化成交價小於 11.7 元的股票到價通知。

Google 快訊提醒，提供即時的網路訊息提醒通知，例如在第十四章提到的公司減資，公司減資不像公司在固定時間公布的財務報表或營收，各家公司是否減資是不固定的，一般是經由公開資訊觀測站、財經雜誌或報紙，告訴投資大眾。

我們可以運用 Google 快訊提醒的功能，設定「減資」的快訊提醒。

例外還有公司的資產減損，是屬於一次性的虧損，公司的獲利突然大減甚至虧損，若公司營運正常，公司下一季的季報公布時，獲利就會恢復正常，這也通常是股價下跌進場買股票的好時機。

譬如，**2331** 精英 **2016** 年 **7** 月公告子公司有一筆新台幣 **29** 億的應收帳款未收，主要的原因是國際油價大跌，造成委內瑞拉政府標案延遲對精英子公司付款的影響。

因此在會計上公司要認例子公司 **29** 億呆帳的資產減損，**2331** 精英 **2016** 年第二季每股虧損 **3.21** 元，也造成 **2331** 精英股價從 **30** 元跌到 **15** 元以下，後來精英股價再上漲回到 **20** 元以上。

這時使用 **Google** 快訊的功能，設定「資產減損」的快訊提醒，就可以讓讀者用比較低的價格，買到因一次性的「資產減損」而股票價格大幅下跌的股票。讀者若想追蹤某家公司的所有消息，也可以使用 **Google** 快訊的功能，在 **Google** 提供的快訊網址 **www.google.com.tw/alerts** 輸入某家公司的名字，再按建立快訊，當網路上出現這家公司的訊息時，就會傳送這家公司的訊息到讀者指定的電子信箱（**E-mail**）。

筆 記

二、元大證券公司的「行動點金靈」

　　當讀者到證券公司開證券帳戶，證券公司會提供免費的股票交易軟體，讀者申請股票交易軟體的帳號與密碼，在輸入帳號與密碼後，即可使用股票交易軟體。

　　例如讀者到元大證券公司開戶，下載並安裝「行動點金靈」到讀者的智慧型手機或平板行動裝置，用申請到的帳號與密碼，登入「行動點金靈」。

　　在「行動點金靈」的股票交易軟體中，將讀者想買進的股票設為自選股，例如把嚴重低估的資產股1314中石化，和符合三低一高的金融保險類股2867三商壽，加入自選股。

　　點選自選報價後，就會出現讀者加入自選股股票的成交價和漲跌，若點選想進一步了解的股票，然後按右上角的功能，功能選單出現下單、分時走勢、技術分析、盤後資訊等。

　　功能選單的分時走勢，顯示出個股當日成交價、成交量、買賣上下五檔、及當日個股不同成交價位的成交量等；功能選

單的技術分析主要有日線、週線及月線，而時間最短的有一分鐘 K 線圖，讓讀者依歷史股價判斷股價未來可能的走向，協助做買賣的參考。

圖 18 元大證券「行動點金靈」的基本分析等畫面

　　「行動點金靈」功能選單的盤後資訊分為基本分析、籌碼分析和財務分析，如上圖。

　　基本分析主要提供個股新聞、公司基本資料、歷年公司發

的股利、公司轉投資及公司營收盈餘等資料，而籌碼分析提供董監持股比例、外資投信自營商三大法人持股等資料，至於財務分析則提供資產負債表、損益表、財務比率、現金流量等資料。

元大證券公司免費提供的「行動點金靈」跟其他家證券公司的手機股票交易軟體不同之處，在於「行動點金靈」提供比較詳細的資產負債表，就是資產負債表的細項資料，這是因為「行動點金靈」是由寶來證券在被元大證券併購前，自行開發設計的股票交易軟體。

而其他家證券公司的手機股票交易軟體都是由三竹資訊公司所開發，所以手機股票交易軟體的功能幾乎都相同。

例如，元大證券公司的「行動點金靈」可以顯示現金與約當現金、短期投資與未分配盈餘等財報的細項資料，做為股票複選之後，最後決選股票時的參考資料。

　　至於其他證券公司的手機股票交易軟體僅提供資產負債簡表，而現金與約當現金等細項資料，則需要再由 Goodinfo！台股資訊網或者公開資訊觀測站查詢個股的財務報表才能得知。

　　股票交易軟體主要提供股市投資人下單交易的工具，並提供下單前個股的公司基本資料、三大法人買賣個股的籌碼分析及公司的歷史股價等資料，供股市投資人做買進賣出股票的決策參考。

　　股票交易軟體沒有提供很好的股票選股功能，需要投資人先自行選定好股票，並加入自選股，再做下單的準備。

　　因此，本書的選股方法及股票買賣時機，可以幫助讀者找出適合買進的股票，讀者再將這些股票加入自選股當中。

　　提醒讀者記得前面一節所解說的，善用智慧型手機的股價到價通知的功能，包括使用元大證券公司的「行動點金靈」和富邦證券公司的「e 點通」，讓智慧型手機的股價到價通知功能，幫助讀者在合適的股價時，才出手買賣股票。

三、富邦證券公司的「e點通」

在第十五章第一節手機的股價到價通知，曾說明富邦證券公司的股票交易軟體「e點通」，如何設定股票的股價到價通知。

富邦證券公司的「e點通」與其他家證券公司的手機股票交易軟體，都是由三竹資訊公司所開發，所以股票交易軟體「e點通」的軟體功能和操作，與其他家證券公司手機股票交易軟體的功能和操作都是大同小異。

讀者使用富邦證券公司的「e點通」，可以察看所要買進的公司股票（自選股），是否股票的股價夠低、股票的本益比夠低、股價淨值比夠低和殖利率夠高，自選股的股票若不符合三低一高的股票初選原則，則從自選股中刪除。

再來，讀者使用股票交易軟體「e點通」，可以詳細察看所想要買進的公司股票，近二年及最近一季的每股盈餘（EPS）是否成長，以符合成長型股票的股票複選原則。

　　最後，讀者要使用 Goodinfo！台灣股市資訊網，或者公司資訊觀測站的個別公司財務報表，來察看所要買進的公司財務報表資料，來決選出本益比最低、盈餘成長最快及未分配盈餘最多的公司股票。

　　第二篇選股策略篇有詳細的圖表，說明如何股票初選、複選及決選的三階段選擇股票。股票初選出來的自選股股票，讀者就可以運用手機交易軟體「e 點通」所提供個別公司股票的基本分析、技術分析及財務分析等資料，協助讀者做股票複選及股票決選的工作。

　　最後再運用富邦證券公司的手機股票交易軟體「e 點通」，所提供的個別公司股票的技術分析，由個別公司的歷史的股價成交量月線圖，來決定股票買進的價格與數量。

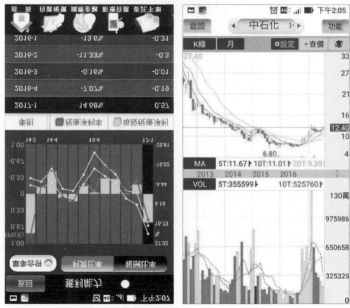

圖 19 富邦證券「e點通」提供的自選報價等功能

筆 記

第十六章 網際網路的犀利斧頭

　　本章介紹一些網際網路好用的網站，讓讀者在股市及法拍屋的投資路上，能有幾把犀利的斧頭可供使用。

　　台灣證券交易所網站和 **Goodinfo！**台灣股市資訊網兩個網站，可以幫忙讀者篩選找出合乎三低一高初選條件的公司股票，而 **Yahoo！**奇摩股市網站的公司基本資料，幫助讀者決定初選合格後的公司股票，是否符合股票的複選條件。

　　台灣證券交易所網站提供的股價淨值比資料，可以幫助投資人找到個股歷史股價的谷底，讓投資人在股價谷底附近買進股票。

　　公開資訊觀測站的網站，提供的個股財務報表，幫助讀者決定複選合格後的公司股票，是否符合股票最後決選條件。

　　Goodinfo！台灣股市資訊網的網站，提供篩選股票的條件設定與查詢，幫忙讀者找出適合投資的股票，這網站也提供公司該年度改選董監事的訊息，還有所有公司的除權除息日期等股市資訊。

　　全省各縣市鄉鎮及大學的圖書館，提供免費使用個人電腦上網的服務，讀者可以善加利用這些免費的資源。

一、台灣證券交易所 www.twse.com.tw

各國的證券交易所,提供各國股票交易的環境,並透過證券交易商完成買賣雙方的交易。台灣證券交易所的網站,提供台灣證券市場每日交易的相關資訊,投資人有個可以挖寶的地方,即是台灣證券交易所的網站,網站提供個股本益比、股價淨值比及殖利率等資訊。

第七章曾用實際例子指出,台灣證券交易所的網站可以查詢出全部上市公司的所有個股本益比、殖利率及股價淨值比的資訊,或者以產業別來查詢,例如以金融保險業來查詢,就可以查出金融保險業的所有個股本益比、殖利率及股價淨值比的資訊。

以 2017 年 6 月 27 日查詢出所有上市公司的本益比、殖利率及股價淨值比等資料。讀者可依個人的喜好來選擇資料的順序,例如偏好高殖利率的公司股票,可以依殖利率最高的排列在第一列,殖利率第二高再依序排在下面第二列。

圖 20 臺灣證交所查詢個股殖利率並排序

　　如上圖，殖利率最高的為證券代號 **3056** 總太，總太公司配發 **2016** 年的股利股息的殖利率為 **11.71%**，其次為證券代號 **1463** 的強盛，強盛公司配發 **2016** 年的股息股利的殖利率為 **11.46%**。

　　讀者從這些殖利率較高的個股，再挑選低本益比、低股價
淨值比，而且屬於成長型的公司。

106年06月27日 個股日本益比、殖利率及股價淨值比

每頁 25 ▾ 筆

證券代號	證券名稱	殖利率(%)	股利年度	本益比	股價淨值比	財報年/季
2323	中環	0.00	105	-	0.37	106/1
1337	再生-KY	3.72	104	9.96	0.38	106/1
2038	海光	6.23	105	17.06	0.38	106/1
3703	欣陸	4.37	105	11.23	0.42	106/1
4930	燦星網	2.14	105		0.45	106/1
2362	藍天	2.53	105	31.88	0.45	106/1
1806	冠軍	0.00	105		0.46	106/1
1718	中纖	0.00	105	-	0.47	106/1
2841	台開	0.00	105	33.94	0.47	106/1

圖 21 臺灣證交所查詢個股股價淨值比並排序

　　若讀者偏好低股價淨值比的公司股票，以 **2017** 年 6 月 27
日為例，讀者以股價淨值比排序，讀者可以初步挑選股價淨值
比**<0.5**，本益比**<10**，殖利率**>3%**，找出的證券代號 **1337** 再生
-KY，但是 **1337** 再生**-KY** 的 **2017** 年第一季營收與稅後盈餘都

比 **2016** 年減少，不符合我們選股的複選條件。

台灣證券交易所網站提供的股價淨值比的數據，可以幫助投資人找出個股歷史股價的谷底，讓讀者在股價谷底附近買進股票。

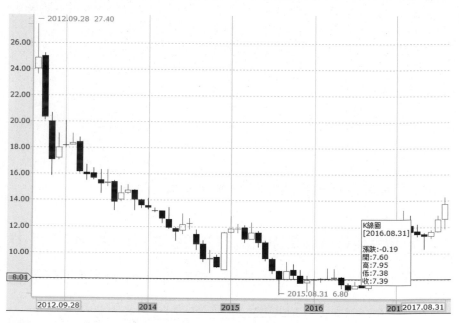

圖 22 1314 中石化的股價成交量月線圖

　　譬如 1314 中石化，若是以基本面來買股票，中石化 2017 年第一季開始轉虧為盈，財報公布日期在 2017 年 5 月，股價卻已經從 2016 年 8 月不到每股 8 元的谷底低價，到 2017 年 5 月漲到超過 10 元。

　　用股價淨值比，找出個股股價谷底的方法，第一點是個股的股價淨值比是當時所有公司股票股價淨值比最低的前幾名，第二點是個股的股價淨值比是本身股價淨值比的較低點。

　　當然個股股價的谷底，通常公司是在虧損的時候，股票的殖利率也會是 0。

圖 23 1314 中石化股價谷底時的股價淨值比

2016 年 8 月 1 日所有上市公司的股價淨值比，以 **1314** 中
石化的 **0.34** 為最低前二名，而中石化的股價淨值比 **0.34** 也是
中石化的股價淨值比的較低點，也因此 **1314** 中石化的股價來
到股價谷底 **8** 元以下。

二、公開資訊觀測站 mops.twse.com.tw

公開資訊觀測站，定期公布所有上市、上櫃、興櫃及公開發行公司的財務報表，並在每月 10 日公布所有公司上個月的營業收入的資訊，而各行各業公布四季財務報表之日期，詳如表格 9，一般行業季報公布時間分別為 5 月 15 日、8 月 14 日、11 月 14 日及 3 月 31 日，公布日期大約是每季的 45 天後，而第四季的年報公布是年度終了的 90 天後。

表 8 各行各業公布每季財務報表的日期

季報公布日期	第一季	第二季	第三季	第四季
一般行業	5/15	8/14	11/14	3/31
證券業	5/15	8/31	11/14	3/31
銀行及票券業	5/15	8/31	11/14	3/31
保險業	5/15	8/31	11/14	3/31
金控業	5/30	8/31	11/29	3/31

公開資訊觀測站是各公司財務報表的原始資料來源，提供的財務報表包括個別公司的財務報表，公開資訊觀測站也提供所有公司的彙總財務報表，而彙總報表分為上市、上櫃、興櫃及公開發行公司四類公司的彙總財務報表。

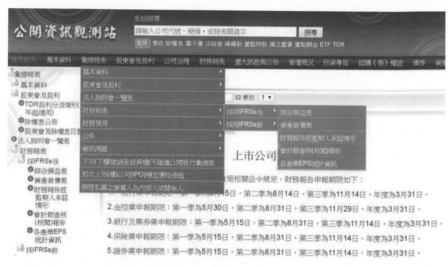

圖 24 公開資訊觀測站的彙總財務報表

股市投資人常參考的彙總財務報表，主要為綜合損益表與資產負債表，由公開資訊觀測站提供每季各個公司的損益

154

表，可以找出連續三季每股盈餘（EPS）成長的公司股票，作為投資股票的決策參考。

公開資訊觀測站提供彙總報表的資訊揭露，和在每月 10 日揭露所有公司的上個月的營業收入，協助投資人提早發現各別產業的營收盈餘狀況。

而彙總報表的資訊揭露，其中在財務比率分析的選項，揭露各家公司的營益分析彙總表，藉由各家公司連續三季的毛利率/營益率/稅後純益率的連續成長分析，可以找出獲利正在提升的優質成長型公司。

所有公司財務報表的數據，也可以在 Goodinfo！台灣股市資訊網或各證券公司的股票交易軟體內找得到相關資訊，只是公開資訊觀測站提供的原始資料最為完整。

筆 記

三、Yahoo！奇摩股市 tw.stock.yahoo.com

　　Yahoo！奇摩股市的網站，提供美股、歐股、亞股及台股每個交易日的大盤指數漲跌，供投資人判斷未來股市的漲跌趨勢。

　　Yahoo！奇摩股市的網站也提供個股的股價走勢圖、成交明細、技術分析、新聞、及公司基本資料。

圖 25 YAHOO！奇摩股市網站

　　從 Yahoo！奇摩股市的網站提供的個股基本資料，可以協助讀者了解個股的營業項目、毛利率、營業利益率、營收盈餘、歷年股利等數據，作為讀者決定買進股票的參考。

　　本書第七章所分享的股票初選、複選及 決選三個階段挑選股票，其中的股票複選階段，即是使用 Yahoo！奇摩股市的網站所提供的個股基本資料，來查看個股最近二年的每股盈餘（EPS）是不是增加，還有個股最近一季 EPS 比去年第一季 EPS 增加，及最近一季的營收比去年同一季的營收是否增加，而看出個股是否符合成長型的股票的條件。

　　由 Yahoo！奇摩股市網站的技術分析之個股月線圖，可以協助讀者決定最後決選股票的買進價格及數量。

四、Goodinfo！台灣股市資訊網 goodinfo.tw

Goodinfo！台灣股市資訊網（**goodinfo.tw**）， 該網站能協助使用者快速彙整與分析台灣股市行情及交易資訊，並評估公司歷年的財務狀況、及股利發放的整合型資訊平台，**Goodinfo**！台灣股市資訊網所提供最強大的功能，是讓使用者自行設定股票篩選條件的功能。

譬如，篩選三低一高的上市上櫃公司股票；或者，篩選公司由虧轉盈的轉機股，還是篩選股價被低估的資產股；其次**Goodinfo**！台灣股市資訊網能幫使用者找出董監改選的年度。

再來 **Goodinfo**！台灣股市資訊網提供公司資產負債表的資料，使用者可以得知公司每股現金與約當現金的金額和公司未分配盈餘的多寡，幫助讀者在股票決選時選出漂亮寶貝。

圖 26 Goodinfo！台灣股市資訊網的股票篩選功能

在 Goodinfo！台灣股市資訊網，要挑選三低一高的股票，可以自訂股票的篩選條件。如上圖，設定股價（元）的範圍為空白～20，即股價<20 元，再定本益比（PER）的範圍為空白～10，即本益比<10，然後再定第 3 個條件本淨比（PBR）的範圍為空白～1，即本淨比（股價淨值比）<1，最後定第 4 個條件：殖利率（%）範圍為 3～空白，就是殖利率>3%，就可選出三低一高的上市/上櫃公司股票。

　　若再選擇顯示依據：獲利能力-近 **12** 年年度一覽，就能顯示符合三低一高的公司股票，並這些三低一高的公司近 **12** 年的年度每股盈餘（**EPS**）和最近一季的每股盈餘（**EPS**）的資料，幫助使用者判斷初選出的三低一高公司股票，是否屬成長型公司的股票複選條件。

　　讀者也可以進入 **Yahoo**！奇摩股市網站，由 **Yahoo**！奇摩股市網站提供的公司基本資料，從三低一高初選出來的公司股票，第二階段複選出年度每股盈餘 **EPS** 與最近一季每股盈餘都是成長中的成長股股票。

　　第十四章第二節有提過如何找出被低估的資產股的方法，在 **Goodinfo**！台灣股市資訊網，點選網站的股票篩選（新）的選項，然後設定本淨比（股價淨值比）小於 **0.6**，公司負債比小於 **40%**，單季 **EPS** 大於 **0.1**，來初步找出股價淨值比小於 **0.6**，股價被嚴重低估，而且公司的最近一季每股盈餘大於 **0.1** 元，並且公司財務狀況良好的公司，我們再從這些篩選出來的

公司中，挑選其中最值得投的最好的一家公司。

　　Goodinfo！台灣股市資訊網也提供公司董監事改選年度的訊息。譬如，在 Goodinfo！台灣股市資訊網的網站上方，輸入股票代號或名稱：1314 或中石化，再按股票查詢的按鍵，網站會在左側顯示基本分析、股東權益及財務報表三個大選項。一開始是自動出現基本分析的個股市況，顯示 1314 中石化的成交價、成交量和個股最新訊息等資料。而在股東權益的選項下面有股東會日程，點股東會日程，就會顯示中石化歷年的股東會日期，也會顯示 1314 中石化董監改選的年度。

　　Goodinfo！台灣股市資訊網，亦提供上市（櫃）公司歷年財務狀況的資訊，供使用者依個別公司的財務狀況，來評估股票的優劣。

　　在 Goodinfo！台灣股市資訊網的財務報表下面有資產負債表，點資產負債表，顯示 1314 中石化每一季的資產負債表，由此可以看出中石化的現金與約當現金，及短期投資的金額，

若除以中石化的發行股數，就算出 1314 中石化的每股現金與約當現金和短期投資。

　　1314 中石化每股有 4.3 元的每股現金與約當現金和短期投資，對於股價 10 幾元的股票而言，屬於公司很大的現金資產，是項大利多，再加上公司的淨值 22.2 元，股價淨值比<0.6，可算是價值被低估的資產股。

筆 記

五、法拍屋查詢系統

全省的法拍屋物件，可以由司法院的法拍屋查詢系統
（aomp.judicial.gov.tw/abbs/wkw/WHD2A00.jsp）進入查詢，查詢法拍
屋的區域，依全省各個縣市地方法院的管轄區域劃分，法拍屋
物件再分為房屋或土地，做法拍屋進一步的查詢。

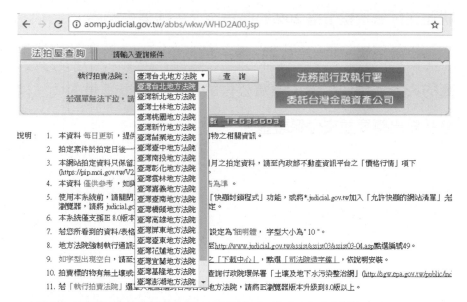

圖 27 司法部法拍屋查詢系統的全省各地方法院

　　各個縣市地方法院的拍賣程序，分為第一拍、第二拍、第三拍、應買公告及第四拍，當第一拍流標，進入第二拍的拍賣底價是第一拍的底價打八折，第三拍的拍賣底價是第二拍拍賣底價的八折。

　　法拍屋的應買公告是在第三拍流標後，以第三拍的底價公告三個月，要承買應買公告的法拍屋買主，以最早向法院遞狀並交付法拍屋價格 **20%**的保證金之先後優先順序。

　　也就是第一拍、第二拍、第三拍及第四拍是以出價價格最高的人能買到法拍屋，應買公告的法拍屋是看誰最先向法院遞狀提出應買並交付保證金。

應買公告 查詢條件						確定	取消
拍賣法院	臺灣花蓮地方法院(具*者無簡易庭)						
拍賣標的	土地						
拍賣程序	應買公告						
土地 坐落	花蓮縣 ▼ 縣/市(不可空白) 全部 ▼ 鄉/鎮/市/區 全部 ▼ 段 點選不到的「縣/市」、「鄉/鎮/市/區」及地「段」資料,表示該區段目前無拍賣資料						
公告日期	~ (日期格式如「0950530」,表民國95年5月30日)						
字號	年(例:91) 字(例:執) 號(例:8527) 股 (例:公)						
最低拍賣價格	~ 1000000 (元)						
面積	~ (坪)						
地目	(例:建)						
點交否	○不限 ◉是						
空地否	◉不限 ○是						
權利範圍	不分 ▼						
採行或兼採通訊投標否	◉不限 ○是						
債務人							
排序方式	◉依案號 ○依坐落 ○依日期						

圖 28 法拍屋查詢系統的查詢條件設定

　　例如上圖,查詢花蓮縣的法拍土地,土地價格在一百萬元以內,法拍進入應買公告而且是點交的土地,法拍屋查詢系統的查詢結果,找到圖 29 的花蓮縣秀林鄉上崇德段小段 153 號 土地,土地面積為 141 坪,價格為 24.7 萬,土地坐落在省道台九線 178.5 公里處東側土地,為原住民保留地。

　　原住民保留地的土地價格較便宜，但要有原住民身份才能購買，若讀者想在原住民保留地的土地上蓋房子居住或農作耕種，可以辦理原住民保留地的土地地上權設定，地上權設定的存續期間若設定為無，即永遠而沒有期限地使用原住民保留地的地上權的權利。

筆次	字號 股別	拍賣日期 特別程序	縣市	土地坐落/面積	總拍賣底價(元)	點交	空地	標別	備註	採通訊投標	土地有無遭受污染
1	105司執字第18360號 (明股)	106/05/03 特別程序	花蓮縣 壽豐鄉	沼田段 小段 361-1號 1坪 x 全部 土地拍賣底價: 新台幣60,000元	84,000	點交	本標別有空屋或空地			否	查詢
2	105司執字第18360號 (明股)	106/05/03 特別程序	花蓮縣 壽豐鄉	沼田段 小段 374-7號 0坪 x 全部 土地拍賣底價: 新台幣24,000元	84,000	點交	本標別有空屋或空地			否	查詢
3	106司執字第168號 (仁股)	106/06/21 特別程序	花蓮縣 秀林鄉	上崇德段 小段 153號 141坪 x 全部 土地拍賣底價: 新台幣247,000元	247,000	點交				否	查詢

圖 29 法拍屋查詢系統查詢土地的範例

六、地籍圖資服務系統　easymap.land.moi.gov.tw

　　內政部地政司提供免費的地籍圖資網路便民服務系統（簡稱地籍圖資系統），法拍屋所查詢出來的法拍房屋或土地，由其各縣市鄉鎮的地段及地號，使用地籍圖資服務系統查詢法拍房屋或土地所在位置的地籍圖，再由地籍圖確定法拍屋所在的地理位置。

　　法拍屋查詢系統所查詢的法拍屋的地段和地號，再以地籍圖資網路便民服務系統，可以查出花蓮縣秀林鄉上崇德段地號 153 的地理位置如圖 30，上崇德段小段地號 153 號的土地位於花蓮崇德火車站北側約 1 公里。

　　在此上崇德段地號 153 地籍圖的西側，有一塊地將此土地與省 9 號蘇花公路隔開，在這塊隔開崇德段地號 153 與省 9 號蘇花公路的地上，使用滑鼠按右鍵，出現查詢此位置地號，就出現崇德段 153-1 地號。

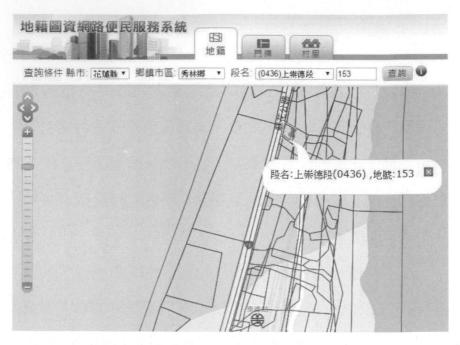

圖 30 地籍圖資網路服務系統查詢範例

地籍圖資網路便民服務系統

| 首頁 |
| 下載專區 |
| 進入系統 |
| 網站導覽 |
| 系統使用說明 |

圖 31 地籍圖資網路便民服務系統畫面

　　進入地籍圖資系統後，可以依地段地號的地籍資料，或門牌號碼及縣市村里名稱三種方式，來查詢地籍圖的所在位置。

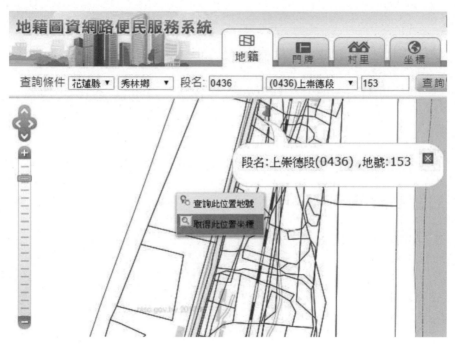

圖 32　地籍圖資系統查詢任意區域之地號

　　依讀者選擇的地籍資料所查詢出的地籍圖如上圖，地籍圖的左側有放大、縮小及上下左右移動地籍圖的功能。

　　在查詢出來的地籍圖上任何區域的上面，按下滑鼠的右鍵，就會出現如圖 32 所顯示的，讀者是要查詢此位置地號，或者讀者是要取得此位置的座標，二者點選其中之一後，就可以查出滑鼠所在位置的地號或座標。

　　地籍圖資系統查詢出來的地籍圖，主要是查看土地所在的位置是否無路可達，或者土地所在的位置，是在大馬路邊還是屬於邊間的好地段不動產。

七、不動產實價登錄 lvr.land.moi.gov.tw

內政部為促進不動產交易資訊透明化，不動產實價登錄制度自 2012 年 8 月開始，在不動產實價登錄網站上，可查得實際房屋土地的不動產交易價格。

不動產實價登錄的交易資料，讓買賣雙方可以依實際房屋土地的不動產交易價格，合理地討價還價。

圖 33 內政部不動產交易實價查詢服務網

173

　　內政部不動產交易查詢服務網，可以查詢全省各地的房屋土地等不動產買賣或不動產租賃的實際交易價格。

　　查詢不動產交易的實際價格，出現如下的畫面，一般使用多條件的搜尋，選擇縣市區域、建物形態、道路名稱等，讀者可以視實際的需求，自行設定多項條件來縮小搜尋的範圍，而找出的不動產交易資料，再依不動產成交總價、成交單價、成交年月與路名來排序。

圖 34 不動產交易服務網查詢結果排序

　　左圖為使用內政部不動產交易查詢服務網，查詢桃園市龍潭區民生路的透天厝之成交價格，不動產交易期間從民國 105 年 7 月到民國 106 年 7 月，查詢出來的結果再依不動產成交單價（萬/坪）從高到低排序。

　　當再點選民生路透天厝的個別不動產交易資料後，再點選不動產的交易明細，將進一步看到交易不動產的土地和建物的移轉面積及屋齡等訊息；若點選不動產的歷次移轉明細，將進一步看到交易的不動產現況隔局，如 4 房/2 廳/3 衛的訊息。

筆 記

第五篇 投資高手篇

下君盡己之能

中君盡人之力

上君盡人之智

~韓非子

讓我們學習賢明的君王，善用他人的智慧，而不是僅僅使用自己或別人的能力而已。

　　本篇從投資模擬競賽開始探討投資高手的投資績效，再看一般公司及大學校務基金的投資績效，最後看看中華人民共和國與新加坡的國家主權財富基金。

　　所有剛開始學習證券投資的投資人，都應該學習全世界投資最頂尖的投資高手，例如巴菲特先生，或者基金經理人彼得林區先生，他們是高手中的高手，學習他們的投資方法。

　　本篇與讀者分享投資大師巴菲特及彼得林區的投資的智慧；其次說明如何善用財經雜誌及財經報紙；最後，介紹台灣人可以在中國大陸開大陸銀行與證券帳戶，直接投資買賣的中國大陸的 A 股股票。

第十七章 投資競賽 vs. 國家主權財富基金

在台灣的股票投資競賽，長期辦理且有較多人參加的，是聚財網每季一次的投資模擬競賽，每季競賽的冠軍獎金以前是五萬元新台幣，參加競賽的人數大約一千人，現在改以優勝冠軍可獲得聚財點數 5 萬點的數位獎金，每季參加人數有數百人。

初入證券投資市場，或想增進投資股票的報酬率，可以參加免費的投資模擬競賽，前幾名還有獎金可以領取。

在免費加入聚財網的會員後，使用聚財網會員的帳號密碼登入，即可參加每季的犀利股神投資競賽。

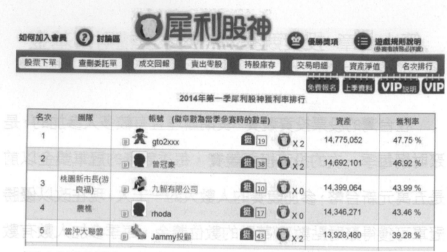

圖 35 聚財網 2014 年第一季投資競賽獲利率排行

　　作者在 **2014** 年第一季得到投資競賽的第三名，當季冠軍
的獲利率為 **47%**，第三名的作者獲利率為 **43%**，每一季投資
模擬競賽冠軍的獲利率一般都在 **30%**以上。

　　在每季比賽的開始，每位參加者可以獲得 **1000** 萬元新台
幣的虛擬貨幣來投資台股，用來買進台灣上市或上櫃公司的
股票，也可以融券放空股票，但是不能買進上市的全額交割股
或上櫃的管理股票；每家股票投資上限為 **400** 萬元，也就是
1000 萬元至少要投資三支不同公司的股票，在每季的結束時，

依每個人當季的投資獲利金額多寡而排出名次，前三名有獎金。

從 2016 年第一季以後連續幾季的成績看來，雖然每季競賽獲勝的前三名並不是同一人，但前十名的優勝者常常看到相同而熟悉的名字，而前十名的每季獲利率大約為 20%以上，可見只要擁有股票投資智慧的投資人，有能力每季在台灣股票市場賺到 20%以上的獲利。

一般的公司投資於股市，每年投資股市的績效大約在 11%以上，而上億元以上的基金投資績效約在 6%以上。

譬如，清華大學的永續發展基金（校友捐款而成立的校務基金）4 億多新台幣，年投資績效約 6.6%；而挪威的 5000 多億美元國家主權基金，2016 年的投資績效約 6.9%。

國家主權財富基金（英語：Sovereign wealth fund，簡稱 SWF），通稱主權基金，指由一些主權國家政府所建立並擁有，用於長期投資的金融資產或基金，主要來源於國家財政盈餘

或外匯儲備等，一般由專門的政府投資機構管理。

目前世界上主權財富基金規模最大的幾個國家，是阿拉伯聯合大公國、挪威、沙烏地阿拉伯王國、中華人民共和國、科威特和新加坡等。

世界前五大的主權財富基金，中華人民共和國就有中國華安投資有限公司及中國投資有限責任公司二個主權財富基金，這二個主權財富基金的資產都在 3000 億美元以上。

中國華安投資有限公司於 1997 年成立，為中華人民共和國的外匯管理局所掌控，中國華安投資公司於 2009 年持有 52 家英國上市公司的股票。

而中國投資有限責任公司（簡稱中投公司）於 2007 年成立，是中華人民共和國的國有獨資投資公司，中投公司的 60% 資產投資於美國，其餘投資於歐洲、亞洲及加拿大。

在世界前十大的主權財富基金，新加坡就有二個主權財富基金，其中一個主權財富基金「新加坡政府投資公司」於 1981 年成立，資本 2400 多億美元，是新加坡最大的國際投資

機構，投資全球 30 多個國家 2000 多家公司。「新加坡政府投資公司」有三家子公司，其中一家子公司投資股票、債券及貨幣市場；另一家子公司投資房地產；第三家子公司主要做創業的風險投資。

新加坡另一個主權財富基金，「淡馬錫控股公司」於 1974 年成立，資本 1500 多億美元，新加坡財政部擁有 100%股權，「淡馬錫控股公司」除投資新加坡股票市場外，目前有一半的資產是在新加坡以外的地區。

新加坡的面積大約是台灣桃園市的一半大小，新加坡在 2015 年的人民年平均所得約 150 萬台幣，是台灣的人民年平均所得約 60 萬台幣的 2.5 倍。

而台灣的國家金融安定基金（簡稱:國安基金）於民國 2000 年初成立，在前總統李登輝的任期內所成立，資產為 15 億美元，主要是在台灣股市低迷時，進場買進台灣的股票，而不像其他國家的主權財富基金，到世界各國去投資賺錢。

台灣的國安基金之任務係在國內外發生重大事件或國際資金大幅移動，而顯著影響台灣民眾信心，致資本市場及其他金融市場有失序或有損及國家安定之虞，經國安基金管理委員會之決議，在符合條例規範下，視金融市場情況進行安定操作，以維持資本市場及金融市場的穩定，確保民眾對資本市場之信心。

台灣想要成為「民富國強」的國家，首先要向新加坡和中國大陸學習，盡早成立主權財富基金，到世界各國投資賺錢。

第十八章 巴菲特：投資有護城河的公司

美國投資大師巴菲特，世界上最成功的投資者，他在
2015 年全球富豪排名第三，並以長期的價值投資與簡樸生活
而聞名世界，巴菲特先生也是著名的慈善家，承諾捐出 99%
的財富，主要交由微軟公司（Microsoft）創辦人比爾蓋茲的
基金會來運用。

巴菲特先生所擁有的波克夏·海瑟威公司，所持有或通過
子公司間接持有的公司，包括可口可樂公司、美國運通、富國
銀行、美國航空等公司，這些公司都是與我們生活息息相關
的食品、金融、航空等事業，而且是具有壟斷性的企業。

巴菲特選擇的股票，像有著護城河的堅固城堡，敵人不
容易攻進這樣城堡的公司，是個具有壟斷性寡占或獨占的市
場，例如台灣的手機通信市場是由中華電信、台灣大哥大、遠
傳電信少數電信業者寡占的市場，新進的公司不容易攻進。

巴菲特先生非常擅長，在這些有護城河的公司股票被市場輕忽，大家都不看好的時候；尤其是股票市場大跌，而投資人恐慌地賣出股票時，巴菲特先生會勇敢地加碼買進股票。

巴菲特先生買進的股票以投資十年以上為原則，他說：「若證券市場關閉十年不交易，他都不會受到任何影響。」因為當巴菲特先生低價買進好股票時，巴菲特先生就已經打算長期持有這支股票至少十年以上。

另外，巴菲特先生挑選股票，偏好以股東權益報酬率（ROE）代替公司的每股盈餘（EPS）來選股，因為股東權益是公司的資產減掉公司的負債（借錢）的數值，代表股東權益報酬率較能顯示公司獲利的本質；而不是以資產（股東權益+負債）所算出的公司每股盈餘。

第十九章 彼得林區：盈餘、盈餘的成長股

　　彼得林區（**Peter Lynch**）是著名的基金經理人，彼得林區管理的基金，在管理基金的 **13** 年期間，基金的資產由 **2000** 萬美元成長至 **140** 億美元，基金每年平均報酬率達 **29%**。

　　彼得林區管理的基金，每年高達 **29%**的報酬率，比軍公教每年 **18%**的高額利息還要高出許多。

　　彼得林區常打出所謂十壘安打的股票，是指他選出的股票，股票的價格在一段的期間後，股票的股價漲了十倍。

　　彼得林區選出的這些十壘安打股票，主要是高速成長股，就是公司越來愈賺錢的公司，股票的價格會隨公司每年的獲利增加而上漲，彼得林區先生指出公司股票的價格與公司的盈餘獲利是成正比。

　　彼得林區選股的重點是盈餘、盈餘、盈餘，就是公司要賺錢、賺錢、賺錢，公司的獲利要年年增加，這跟買房地產的原

則一樣，房地產最重要的是地點、地點、地點，房地產的地點是買房地產最重要的考慮，而股票的選擇最重要的是公司的獲利盈餘能持續不斷地成長。

基金經理人彼得林區，他買進的股票能獲利十倍，也是因為長期持有當時買進的股票，彼得林區先生有許多還能再賺錢的股票，卻被他太早賣掉了。

彼得林區的投資股票的組合中，其中表現最佳的股票通常要花 3 年到 10 年，甚至更久的時間，才能發揮股票上漲的潛力。

所以，真正讓股市投資人賺到錢的因素，是在低價的時候買進，並長時間一直讓股票增加它的價值。

作者的選股與彼得林區先生相同，以三低一高的選美條件，初選出來的股票，再來以公司是否能越來愈賺錢，來複選出好的成長型股票。

而作者最後的股票決選，是找出公司財務狀況非常好的資優生，公司的負債比例很少，而且公司手上有許多的未分

配盈餘和資本公積，等著發給投資公司股票的股東。

　　彼得林區先生在「彼得林區選股戰略」一書中，除了說明他主要以買進獲利穩定成長股票外，他也買進一些谷底翻身的轉機股和被低估的資產股。

　　彼得林區先生投資股票的操作方式是，當一支好股票下跌時要加碼買進，並適時地調節換股，汰弱留強，不要留下不好的股票，幫雜草澆水。

　　彼得林區先生也強調投資股票，要特別避開熱門而無盈餘的股票，例如台灣沒有獲利的生技股與文化創意股。

筆 記

第二十章 善用財經雜誌、財經報紙

讀者在股海茫茫中，想要尋找那「一元賣五角」的漂亮寶貝，財經雜誌與報紙有時會提供讀者沒有注意到的好股票。

例如作者在 2013 年的財經報紙，看到報紙報導有三家公司的資產被嚴重低估的報導，其中 3040 遠見的公司資產被低估最嚴重，而且當時 3040 遠見的股價只在 14 元附近。

但是 3040 遠見的土地資產卻是在中國大陸，從兆豐證券的網站查不到 3040 遠見的土地資產，只能由 3040 遠見在公開資訊觀測站的財務報表去確實 3040 遠見在中國大陸的土地資產。

經 3040 遠見的財務報表確實有大陸的龐大的土地資產後，作者買進不到 20 元的遠見，在隔年以 36 元左右賣出，讀者也應該善加運用財經雜誌與報紙相關的財經報導。

　　財經雜誌有智富月刊、財訊雙週刊、今週刊、商業周刊、先探週刊及萬寶週刊等，而台灣主要的財經報紙有經濟日報及工商時報。

　　財經雜誌及財經報紙的採訪記者及編輯，經常會整理一些財經訊息供讀者參考，尤其財經雜誌對某些產業或新科技的技術發展，例如人工智慧、電動車、金融科技、或工業 **4.0** 等新產業科技，有專業而深入的採訪報導，讓投資人對新產業科技的技術發展有更深入的了解。

　　股市或房地產的投資贏家，也經常被財經雜誌報導，在財經雜誌分享這些投資成功人士的投資心法，讓財經雜誌的讀者有所學習。

　　政治動向與經濟發展常互相影響，財經雜誌除財經的深入報導外，也常對於政治時勢提出貼切的報導與建言。

　　財經報紙在每季上市上櫃公司財報公布的日子，和每月的 **10** 日上市上櫃公司發佈上個月公司的營業收入，經濟日

報及工商時報就會在隔日的報紙，報導各產業的盈餘成長情況，和各產業的營收成長排行榜，報導及分析產業動態。

財經報紙經常報導各個產業所推出的新產品，和產業的最新動態，非常值得參考，例如半導體的記憶體缺貨及漲價等訊息，可以幫助讀者提前嗅出各產業景氣環循的變化，讓讀者在產業景氣的谷底提前進場買進股票。

國內外的重大新聞、政府財經與貨幣政策的改變、及最新的稅務介紹等，讀者都可以在財經報紙即時獲得。

台灣股票市場前一天的個股交易收盤價、交易量、漲跌停的股票等股市資料，在經濟日報及工商時報有專頁報導分析。

全省各縣市鄉鎮的圖書館和大學的圖書館，都有智富月刊、財訊雙週刊、今週刊等財經雜誌，和經濟日報及工商時報等財經報紙，提供到圖書館的讀者免費閱覽。

　　部份的大學圖書館及某些縣市的圖書館，才有提供先探週刊或萬寶週刊。讀者應該經常到所在地的圖書館或大學的圖書館，善加運用圖書館所提供寶貴而免費的財經資訊，夏天也可以在圖書館享受冷氣。

第廿一章 中國大陸的 A 股市場

中國大陸的股票市場除了擁有上海、深圳兩個證券交易所之外，還分為中國境內投資者參與的中國大陸 A 股市場以及專供中國境外投資者參與的中國大陸 B 股市場。

中國大陸的經濟成長率大約台灣的兩倍以上，中國大陸股市與台灣股市的成長性相比較是較為樂觀。台灣居民自民國 2013 年 4 月 1 日起，可以在大陸券商開戶，交易上海 A 股及深圳 A 股，台灣人多了一個投資中國大陸股市的管道，過去僅中國大陸的機構或個人可交易上海 A 股及深圳 A 股。

我們國人常去大陸旅遊，台灣股民到大陸旅遊應該順便開中國大陸證券投資帳戶，多給自己一個投資獲利的機會。開中國大陸證券投資帳戶，需要先在中國大陸的銀行開人民幣銀行帳戶，再到中國大陸的證券公司，以境外人員住宿登

記表，申請中國大陸的證券帳戶，就可以買賣中國大陸 A
股。

　　中國大陸銀行開戶可選擇中國大陸前四大國有銀行：中
國工商銀行、中國農民銀行、中國銀行、中國建設銀行。

　　2014 年，作者帶雙胞胎兒子到大陸北京乒乓球訓練時，
在中國大陸的中信證券開證券帳戶，並選擇中國銀行開銀行
帳戶，中信證券股份有限公司及中國銀行股份有限公司這兩
家公司都是屬於上海 **A** 股，和台灣股票上市公司的證券股與
銀行股一樣。

　　中國大陸的中國銀行可以申請金融卡，金融卡可以在中
國銀行的 **ATM** 提款機提領現金，並自 **2017** 年起在中國大陸
跨省分提領現金不需要任何手續費。中國銀行也提供網路銀
行，可以網路轉帳交易，網路直接將存款轉定存或轉成美
金，跟台灣的網路銀行沒有二樣。

	代碼	名稱	今開	最高	最低	昨收	市盈(動)	總金額	量比	細分行業	地區	振幅%	均價
3	600016	民生銀行	8.39	8.39	8.36	8.40	5.44	1829萬	2.31	銀行	北京	0.36	8.37
4	601288	農業銀行	3.83	3.86	3.83	3.85	5.76	4381萬	2.67	銀行	北京	0.78	3.84
5	601818	光大銀行	4.21	4.22	4.20	4.23	5.80	1218萬	1.57	銀行	北京	0.47	4.21
6	601166	興業銀行	17.68	17.71	17.62	17.70	5.82	2259萬	1.12	銀行	福建	0.51	17.67
7	600225	*ST松江	5.70	5.70	5.69	5.71	5.95	37.31萬	0.91	區域地產	天津	0.18	5.70
8	601988	中國銀行	4.25	4.26	4.24	4.27	6.05	1014萬	0.96	銀行	北京	0.47	4.25
9	000036	華聯控股	11.29	11.29	11.22	11.32	6.09	565萬	1.13	全國地產	深圳	0.62	11.25
10	600015	華夏銀行	9.54	9.54	9.52	9.58	6.21	1104萬	2.32	銀行	北京	0.21	9.53
11	601328	交通銀行	6.57	6.61	6.57	6.58	6.30	1998萬	2.11	銀行	上海	0.61	6.59
12	601169	北京銀行	7.67	7.67	7.65	7.68	6.31	478萬	1.22	銀行	北京	0.26	7.66
13	601939	建設銀行	7.07	7.07	7.01	7.06	6.35	2614萬	2.40	銀行	北京	0.85	7.05
14	600000	浦發銀行	12.99	12.99	12.93	13.03	6.48	2041萬	2.48	銀行	上海	0.46	12.97
15	601998	中信銀行	6.59	6.60	6.58	6.61	6.72	662萬	1.68	銀行	北京	0.30	6.59
16	601009	南京銀行	8.19	8.19	8.17	8.21	6.80	941萬	1.57	銀行	江蘇	0.24	8.18
17	600291	西水股份	29.62	29.76	29.51	30.00	6.90	3533萬	2.22	保險	內蒙	0.83	29.62
18	601398	工商銀行	5.93	5.97	5.93	5.95	6.94	3269萬	1.69	銀行	北京	0.67	5.94

圖 36 大陸中信證券的繁體版股票交易系統

中國大陸的中信證券,有手機版及網路版的交易系統,在台灣也可以透過網路交易買賣大陸股票。

當時中國大陸的銀行股本益比(大陸稱為市盈率,即股票每股市價/每股年度盈餘)不到 5 倍,比台灣的銀行股本益比低很多,雖然中國大陸的銀行股配股配息沒有台灣的銀行股多,但是中國大陸的銀行股能賺到的股價價差,會比買

台灣的銀行股多許多，以作者 2014 年買進中國工商銀行和中國農民銀行為例，到 2017 年 8 月的獲利率為 44%。

以中國大陸的中信證券為例，中信證券特別提供繁體版的股票交易系統，中信證券網路版的股票交易系統如上圖 36，中國大陸的 A 股股票，可依市盈（即本益比）的大小，從最小的市盈率排第一列，再依較大的市盈率排序於後，當點選個別股票後，會出現個別股票的日線技術線圖，再按滑鼠右鍵時，則可選擇週線、月線等不同時間週期的技術線圖。

中國大陸的中信證券手機版網上交易系統，需要有大陸的手機門號，用來取得第一次安裝手機版網上交易系統的手機訊息驗證碼（大陸稱為短信校驗碼）。

若沒有長時間在中國大陸，可以到中國移動電信公司的營業部，選擇每月 18 元人民幣月費的手機門號方案，手機門號方案包含可以使用 100MB 的數據流量，這是目前作者

找到最便宜的手機門號方案，為防止手機電信詐騙事件，中國大陸現在沒有易付卡的免月費的手機門號方案。

若是要查看中國大陸的 A 股個別股票的獲利及配股配息等基本資料，則在滑鼠點選個別股票後再按 F10 鍵，下圖是中國大陸的最大銀行中國工商銀行，它也是全世界資本額最大的銀行，中國工商銀行股票代號為 601398，它 2017 年第一季每股獲利 0.21 元人民幣，與去年 2016 年第一季每股獲利 0.21 元人民幣相同，而中國工商銀行在 2017 年 7 月 10 日每 10 股配發 2.343 元人民幣，也就是每股配發 0.2343 元人民幣。

在此畫面中，另外還可點選查看 601398 中國工商銀行的公司概況、財務分析、經營分析等公司訊息。

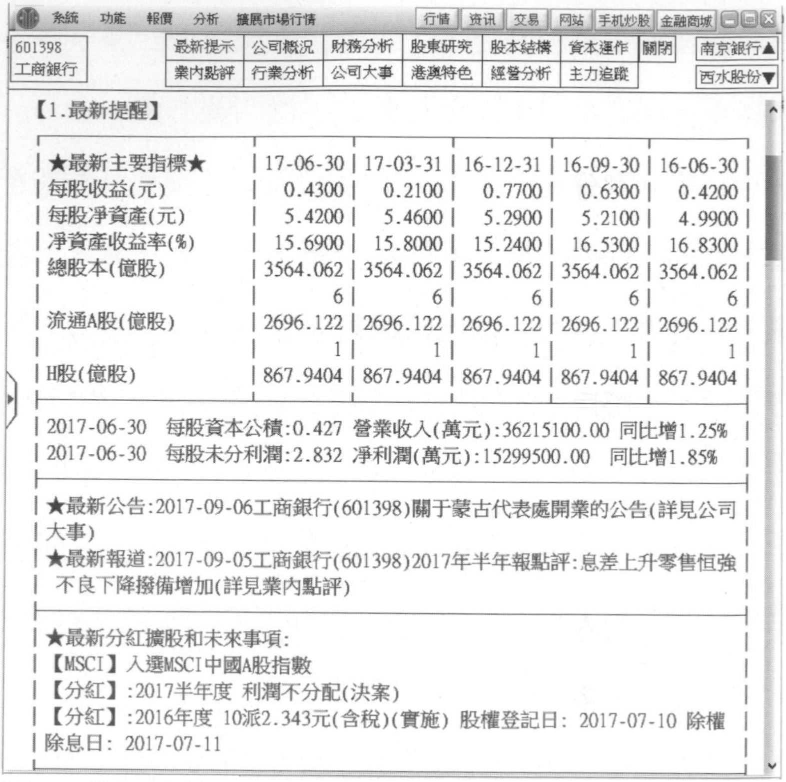
系統 功能 報價 分析 擴展市場行情 行情 资讯 交易 网站 手机炒股 金融商城

601398
工商銀行

最新提示 公司概況 財務分析 股東研究 股本結構 資本運作 關閉 南京銀行▲
業內點評 行業分析 公司大事 港澳特色 經營分析 主力追蹤 西水股份▼

【1.最新提醒】

★最新主要指標★	17-06-30	17-03-31	16-12-31	16-09-30	16-06-30
每股收益(元)	0.4300	0.2100	0.7700	0.6300	0.4200
每股淨資產(元)	5.4200	5.4600	5.2900	5.2100	4.9900
淨資產收益率(%)	15.6900	15.8000	15.2400	16.5300	16.8300
總股本(億股)	3564.062	3564.062	3564.062	3564.062	3564.062
	6	6	6	6	6
流通A股(億股)	2696.122	2696.122	2696.122	2696.122	2696.122
	1	1	1	1	1
H股(億股)	867.9404	867.9404	867.9404	867.9404	867.9404

2017-06-30 每股資本公積:0.427 營業收入(萬元):36215100.00 同比增1.25%
2017-06-30 每股未分利潤:2.832 淨利潤(萬元):15299500.00 同比增1.85%

★最新公告:2017-09-06工商銀行(601398)關于蒙古代表處開業的公告(詳見公司大事)
★最新報道:2017-09-05工商銀行(601398)2017年半年報點評:息差上升零售恒強 不良下降撥備增加(詳見業內點評)

★最新分紅擴股和未來事項:
【MSCI】入選MSCI中國A股指數
【分紅】:2017半年度 利潤不分配(決案)
【分紅】:2016年度 10派2.343元(含稅)(實施) 股權登記日: 2017-07-10 除權除息日: 2017-07-11

圖 37 中國大陸的上海 A 股 601398 中國工商銀行

因目前的台胞證（台灣居民來往大陸通行證）有效期限為五年，需要每五年更換新的台胞證，所以當台胞證過期時，需要重新辦理台胞證，再到中國大陸的證券公司更新台胞證資料。

　　當台胞證過期而為重新辦理台胞證，而中國大陸的證券公司交易系統，會提醒證券投資客戶的身分證已過有效期，需攜帶有效的身分證到證券營業部辦理更新。若是台胞證過期未到證券營業部辦理更新，證券帳戶內的金錢是無法轉出到銀行的帳戶，銀行帳戶內的錢也無法轉入到證券帳戶，但是原先在證券帳戶內的錢和股票仍然可以正常地用來買賣股票。

　　如此看來，若投資中國大陸股市的投資人去世，要拿回存在證券公司的人民幣，應該會很麻煩，而且從大陸帶回的人民幣現金最多 2 萬人民幣，大陸銀行轉帳回台灣，規定每天轉帳最多 500 元美金（或等值人民幣），因此投資中國大陸 A 股市場的投資人，須特別注意如何將大陸賺到的金錢帶回台灣。

在台灣透過台灣的證券公司購買大陸 A 股，要有財產千萬的財力證明，並不是一般人都能夠擁有的財力。建議讀者去中國大陸旅遊時，順便開個中國大陸的銀行帳戶和證券帳戶，不需要任何財力證明，但特別需要一份「境外人員住宿登記表」。

這份「境外人員住宿登記表」，需填個人姓名、出生年月日、居留證件等個人基本資料，住房的種類有宿舍、居民家、出租房屋、自購房屋等，所以回大陸探親或旅遊，都可以用這張表格申請中國大陸的證券帳戶。

若讀者是在住宿旅館，請向大陸住宿的旅館或機構，要一份「境外人員住宿登記表」表格，填寫完表格後，請社區民警簽名，再經過公安派出所蓋章後，一併帶去做證券開戶的證明文件。

第六篇 投資歡喜篇

耶和華所賜的福

使人富足

並不加上憂慮

~箴言第 10 章 22 節

投資股票或房地產的樂趣，除了享受漲價升值的利益，也可以定期獲得利息或租金的收入的雙重利益。

　　而股票附帶的紅利，每年有股東會紀念品可領，樂趣可說無窮，作者一家五口加上自己創辦的公司，每年可以拿許多上市（櫃）公司的股東會紀念品，這些股東會紀念品自用送人兩相宜，實在大大增進生活的樂趣。

　　讀者在投資獲利後，記得多奉獻些金錢，捐給社會福利團體，向投資大師巴菲特先生學習願意捐出 99%的財產，作為社會公益，實在助人又助己。

第廿二章 股價股息，房價房租兩頭賺

因做出正確的選股，或在別人恐慌時低價大賣股票時，讀者低價買進股票，讀者不僅可以享受股價上漲的價差，再加上每年的公司獲利的配股或配息，股價與股息兩頭賺，真是人生一大美事。

想想看，讀者買入低價好股，種下這棵搖錢樹後，每年「什麼事都不用做，就有錢可以領」，人生有這麼好的事，為什麼讀者不趕快學著去做呢？

買股票可以股價股息兩頭賺，跟包租公、包租婆一樣，他們可以房價房租兩頭賺，他們不僅每月收房租，他們也能享受未來房價的上漲。

筆 記

第廿三章 股東會紀念品，自用送人兩相宜

　　讀者要盡量參加股東會，在股東會提問一些問題，幫助讀者更清楚了解所投資的公司和認識公司經營管理人員，並領取公司贈送的股東會紀念品，股東會紀念品是股市投資額外獲得的獎賞，當然也有些公司「恕不發放紀念品」。。

　　作者若買進某一家公司的股票，會買六張以上，作者至少買一張，幫太太買一張，三個孩子各買一張，作者的公司買一張，每年股東會紀念品發放的期間，是作者最快樂的時候，好幾家公司的股東會紀念品，讓作者領得不亦樂乎，而且每張股票的成本都不超過 2 萬，因為作者選了都是 20 元以下的好股票，像資產股農林，銀行股永豐金、合庫金、第一金，三商壽及三商等。作者和家人每年領的股東會紀念品，是可以領一輩子的，可謂是「活得越久，領的越多」。

股票可以辦理「贈與」，將股票「贈與」親友，當新生兒一出生時，即可將部份股票「贈與」他們，讓股東會紀念品領的總數量變多，也可祝賀新生命的降生，比傳統贈送黃金的祝賀方式好許多。

除了股東會紀念品外，現在還有「股東 e 票通」電子投票抽獎的活動，因為鼓勵大家電子投票，參加者每年至少都會中些小獎。也因為「股東 e 票通」電子投票，股東會改用電子投票來表決，發股東會紀念品的公司有可能會變少。

買一張股票每年所領的股東會紀念品、股票的股利股息及股價上漲的利益，像不像種下一棵「搖錢樹」呢？

第廿四章 有捨有得，助人助己

你們要給人
就必有給你們的
並且用十足的升斗
連搖帶按
上尖下流的
倒在你們懷裡

~路加福音第 6 章 38 節

日本在 1999 年台灣 921 大地震，和 2009 年的莫拉克颱風造成台灣八八水災時，對台灣友善的捐助，並派遣救難隊和提供組合屋等援助台灣。

2011 年 3 月 11 日本發生九級的大地震，中華民國政府與台灣人民捐助至少 200 億日圓（約新台幣 68 億元），對日本的救災捐款居世界第一，由台灣寄出的救援物資保守估計亦超過上千公噸。

　　當他人樂意捐助我們，自然而然我們也會得到十足的回報他們，這也是助人助己的互助原理。

　　投資大師巴菲特先生承諾捐出 **99%**財產，捐贈作社會慈善公益，巴菲特先生說：「我打算留給子女剛好足夠的財產就好，讓他們覺得可以做任何事，但又不至於多到什麼事都不必做了。」那是不是很美好？

　　通常投資獲利的投資收入金額，會比薪資收入來的多，而且來的快。

　　投資人投資獲利後，應多捐助社會福利團體，除了能促進社會的進步和諧外，也能利人利己、助人助己。

第七篇 懸崖勒馬篇

人有惡眼想要急速發財

卻不知窮乏必臨到他身

~箴言第 28 章 22 節

本篇懸崖勒馬篇，請讀者使用本書第二篇選股策略篇，所介紹的三低一高股票初選、複選成長型股票、再決選出本益比最低、盈餘成長最快及未分配盈餘最多的公司股票之三階段選股策略，買進不必賣出的股票投資方式，來避免買進股票後，賺賠都不高興的情形發生。

　　再來請讀者謹慎智慧地判斷媒體股市名嘴所推薦的股票，最後提醒讀者不要有急速發財的念頭，避免誤入陷阱，除非讀者是個專業的交易員，否則不太可能靠著期貨和選擇權而賺到錢。

第廿五章 股票賺賠都生氣

投資賺錢本來是美事一椿，買股票賺了錢，卻因為太早賣股票，錢賺得不夠多，心裡不高興；或者股票買貴了賠錢，心裡不舒服生氣。若投資股票，賺錢和賠錢都生氣，那就對身體很不好，久了容易生病的。

本書第二篇選股策略篇，所介紹三低一高股票初選、複選成長型股票、再決選出本益比最低、盈餘成長最快及未分配盈餘最多的公司股票之三階段選股策略，嚴選出來的股票，不僅物超所值，而且公司愈來愈賺錢的成長型股票，公司的股價會隨公司獲利的增加而上漲。

而高比率「每股未分配盈餘與資本公積」的公司，讓公司的股東，以後每年可以領較多的股息或股利，非常適合長期投資的種子股票，做為每年領股息股利的「搖錢樹」，將來這「搖錢樹」還有股票漲價的利益。

213

　　以買進不必賣出的種「搖錢樹」投資方式，讓我們買進的股票，不會買到貴的股票。因為我們選擇的公司屬於成長型的股票，而且公司的未分配盈餘和資本公積比率較高，公司股價有上漲潛力而且公司較多的配股配息，非常適合長期投資，讓讀者不會太早賣掉股票，讀者就不會讓輕易把「搖錢樹」給砍掉。

　　讀者很容易在股票價格較低的時間點買進，而每年配股利股息的成長股股票，能讓讀者在低價買進的「搖錢樹」，多留幾年在讀者身邊，幫讀者產出更多鮮美的果實。而當有其他好的「搖錢樹」種子出現時，讀者也可以賣掉長成大樹的股票，而重新買進更多三低一高股票初選、複選成長型股票、再決選出本益比最低、盈餘成長最快及未分配盈餘最多的公司股票之三階段選股策略，所選出的「搖錢樹」種子股票。

第廿六章 謹慎判斷股市名嘴推薦的股票

股票市場的騙子多？還是傻子多？

在股票市場裡有可能騙子和傻子都很多，也因此有許多投資人，輕信別人的建議買進股票後，股票被套牢而住進套房，或是誤踩地雷的不好經驗。

股市名嘴透過媒體推薦的股票，通常以技術線圖的技術分析居多，技術分析僅適合短線的投機操作，大家所熟知的富豪巴菲特和基金經理人彼得林區先生，他們良好的投資績效，都是以價值型的基本面分析為投資原則。

價值型的基本面投資原則，需要具備較多的財務金融知識，學習的門檻也比較高。

　　股市名嘴在媒體所推薦的股票，若是以公司獲利的基本面分析作為買進的建議，則較具投資參考價值，若讀者對股市名嘴報導的公司財務訊息有疑問，讀者可以到公開資訊觀測站的網站，詳閱公司的財務報表；或者打電話給公司的發言人，來確實股市名嘴報導的真實性。

　　本書第二篇選股策略篇，所介紹的三低一高選股原則，加上複選成長型的公司股票，而且決選出本益比最低、盈餘成長最快及未分配盈餘最多的公司股票的三階段選股策略，才真正會讓讀者在股市中長期穩定獲利。

第廿七章 每月結算的期貨與選擇權

　　在股票市場賺錢的散戶，大約十個人中只有一個人賺錢，其餘九個散戶都是虧錢的；而在期貨與選擇權的衍生性商品中能賺錢的散戶，大約一百人中只有一個人能賺錢，其餘的散戶投資人都是賺少賠多。

　　投資台灣加權指數期貨，獲利時需要讓獲利持續，甚至要再加碼讓獲利擴大；若發生虧損時則要即時平倉，立即停止損失的擴大。散戶賺錢的時候很快的獲利了結，虧錢的時候等候回本，這是人類普遍的天性，也是散戶在期貨與選擇權的衍生性商品中，贏少輸多的主要原因。

　　做台指選擇權的買方，「風險有限、獲利無限」的說法，是很吸引想急速獲利的投資人為高報酬而試試運氣。

想「獲利無限」的台指選擇權買方所買的價外權利金，因每月到期結算的原因，權利金會隨時間而每日減少，最後到結算日的價外權利金會變成 0，除非有重大天災人禍，造成股市的大漲或大跌，台指選擇權的買方很難獲利無限。

看似「風險有限，獲利無限」的選擇權買方，機會非常的少，例如每 4 年的美國總統選舉日、2011 年日本九級地震引起海嘯及福島核災、2004 年台灣總統選舉無效之訴，也就是重大的天災人禍事件，造成的股市大跌與大漲，能捉住這稍縱即逝時機的選擇權買方，才能在選擇權買方獲利，不然買進買權或賣權的權利金，都是一天天的縮水直到變成 0。

做台指選擇權的賣方，才能每月有 5%左右的獲利，但是選擇權的賣方要小心，每當在選擇權的賣方穩定獲利而失去戒心時，一次的意外虧損，就會把選擇權賣方的全部投資的資本虧掉 50%以上。

股市有週期循環的特性，每家公司的股價也會週期循環，通常股市投資人追高買貴的價位，只要投資人忍耐得

218

住，而且公司不下市，股價終久還是會回到投資人買貴時的價格，但是台指期貨與選擇權是每月都要結算，沒有辦法讓投資人等待它回到原來的價位，時間是投資台指期貨與選擇權最大的敵人。

投資台指期貨看似非常簡單，認為台灣股價加權指數會漲，就買漲作多；認為加權指數會跌，就賣跌做空，台灣加權指數漲跌一點輸贏 200 元，一天贏十點 2000 元，生活費不就有嗎？

投資台指期貨與選擇權，最殘忍的事實是，散戶是一群待宰的羔羊，期貨或選擇權的遊戲方式，是可以這一時刻買漲作多，卻馬上平倉，下一秒改為賣跌做空，在這樣的遊戲規則，擁有大量現金與許多股票的外資法人，他們是很容易操控台灣加權指數短期的漲跌，所以散戶若看漲買多的占大多數，每月結算時台灣加權指數就跌給散戶看；散戶若看跌賣空的占大多數，每月結算時台灣加權指數就漲給散戶看。

　　當然散戶有時候也會賺到錢，讓散戶捨不得離開這個期貨與選擇權的市場，可是可憐的散戶總是輸多贏少。

　　能在期貨與選擇權獲利的這些 1%投資高手所寫的書，作者看了很多遍，也學著去做選擇權買方和賣方，作者仍然無法長期在選擇權穩定獲利。

　　可能是作者才識有限，學不來台指期貨和選擇權，只知作者的一位至親投資台指期貨，虧了超過五百萬出場，還有作者以前的一位同事因操作台指期貨輸太多，造成妻離子散，最後鬱鬱寡歡而生病離開人世。

　　假如讀者無法在期貨與選擇權的衍生性金融商品賺到錢，奉勸讀者千萬要遠離期貨與選擇權的市場。

第廿八章 融資斷頭及融券軋空的風險

　　散戶不適合融資買進股票，以避免被融資斷頭，而且融券放空應注意融券軋空的風險。融資就是投資人透過證券公司向證券金融機構借錢，本來有 **40** 萬元的投資資金，原先僅投資買 **40** 萬元股票，可以融資買進 **100** 萬元的股票，投資人融資借錢的利息大約年利率 **6.6%**。

　　當股票市場系統性大跌時，投資人恐慌地賣出股票，投資人只想早點換回現金，來避免股票的繼續下跌。因此大跌通常是不分青紅皂白，不管是好的股票或是不好的股票都是會大跌，雖然好的股票可能在最後才跌。

　　這時融資買進股票的投資人，就會有被追繳融資保證金的風險，若不追繳融資保證金，投資人買進的股票就會被證券公司直接以跌停價的市價賣出股票，這就是俗稱的融資斷頭。

　　一般散戶對證券市場的上市公司了解並不多，常因道聽途說而買進自己不清楚公司的股票，就算買到好的股票，好的股票也有可能大跌，若投資人選到不好的股票更會大跌，通常股票的價格跌大約 **30%**左右，就是散戶融資被融資斷頭的時候，常常在散戶融資被斷頭後，股票的價格才會再漲上來。

　　有些「公司虧錢，卻高股價、高股價淨值比」的公司股票，只要有人特意炒作這家公司的股票，仍然可以將公司虧錢的股價拉抬到幾百元以上。所以融券放空的散戶投資人，有可能被軋空；而融資追價買進的投資人，有可能在股價高檔的最後，股價突然急跌，融資買入股票的投資人，被殺多並且融資斷頭。

後記：人工智慧的投資機器人

不管是投資黃金與白金等貴重金屬、或者投資原油與天然氣等能源、還是投資黃豆與玉米等農產品、或者投資股票與債券等證券，投資人所尋找投資的標的物，什麼時候才是投資標的物的谷底低價？什麼時候是投資人所投資的標的物已經到達它的價格頂峰？

什麼時候是適合進場買進的好時機？

什麼時候是應該獲利了結的好時機？

幾乎全世界大部份的國家，都有證券交易所提供證券買賣的交易場所，而投資股票市場所涵蓋的人數，多得不可勝數，所有的股市投資人有個難解的重要課題，那就是何時是投資股票的股價谷底與頂峰，以利在股價谷底進場買進股票，而

223

在股價頂峰出場賣出股票！

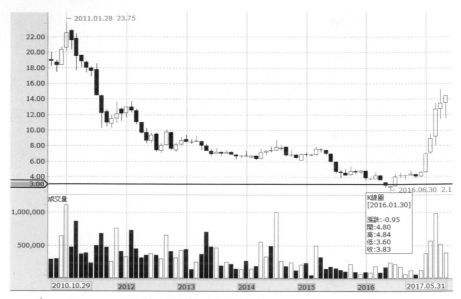

圖 38 2337 旺宏的股價成交量月線圖

　　以上圖的旺宏股價成交量月線圖為例，旺宏股價 2011 年
左右的股價高點為 23.75 元，到 2015 年跌到 6 元以下，股價
跌超過 70%，如果投資人在 2337 旺宏股票 6 元附近買進，旺
宏在 2016 年 6 月 30 日股價跌到 3 元以下的最低價 2.1 元，6

元附近買進旺宏的投資人損失就超過 50%，投資人很有可能忍不住虧損，就在2337旺宏最低價時賣出，那不是很可惜嗎？

2337 旺宏 2016 年 6 月的股價谷底，有二個重大特徵，一是 2337 旺宏 2016 年 6 月的股價淨值比跌破 0.5；一是 2016 年 1 月旺宏有歷史的低價 3.60 元，3.60 元附近就是旺宏的支撐價格，以股價淨值比的低點和歷史股價的支撐價格，幫助投資人找出個別股票的股價谷底。

在個股的股價低谷附近買進股票，較能享受投資獲利一倍以上的成果。上述使用公司股價淨值比與股票歷史的支撐價格，來協助投資人判斷投資的個別股票之股價谷底。

如何以更科學的方法，用證券投資的基本分析與技術分析，來找出股票價格的谷底，除了可以得到獲利一倍以上的利益外，也是個吸引人的證券投資研究課題。

　　作者希望下一個階段與學術研究單位合作，將辛勞而繁複的投資標的物挑選工作，並判斷投資標的物的谷底及頂峰，運用人工智慧訓練投資軟體機器人來代勞。

附錄：投資專有名詞解釋及投資運用

一、投資與金融市場

(一)投資標的可分為土地廠房等之實體投資與股票債券等之金融投資。而所謂金融資產為公司為取得資金，在資本市場發行股票、債券等有價證券。

(二)債券：是發行者（政府、金融機構以及公司）為籌集資金所發行，在約定時間支付一定比例的利息，並在到期時償還本金的一種有價證券。根據發行者不同，可分為政府債券、金融債券以及公司債券。投資者購入債券，就如借出資金予政府、大企業或其他債券發行機構。這三者中政府債券因為有政府稅收作為保障，因而風險最小，但收益也最小。公司債券風險最大，可能的收益也會最大。債券不論何種形式，大都可以在市場上進行買賣，並因此形成了債券市場。

(三)台指期貨與選擇權：台指期貨與選擇權是屬於證券交易的衍生性商品，是台灣期貨交易所推出的商品，它的標的是依據台灣的股票集中市場之股價加權指數，去做股價加權指數漲跌變動預測的一種交易，每個期貨的交易單位漲跌一點為 200 元（大台指）或 50 元（小台指），而台指選擇權的權利金漲跌一點為 50 元。

(四)共同基金：是在證券投資信託制度下，由專業的投資信託
公司以發行公司股份（公司型）或受益憑證（契約型）的
方式，募集投資大眾的資金，然後委託專業的基金經理人
進行投資，目前台灣以契約型共同基金為主。共同基金分
為開放型基金和封閉型基金，開放型基金是指投資人可
以隨時依據基金淨值的報價直接向基金公司做買賣，不
需透過集中市場撮合交易。而封閉型基金是指發行單位
數固定，一般封閉型基金的交易須透過集中交易市場撮
合，封閉型基金交易的流程與股票買賣的流程相同。

二、證券投資基本分析

(一)國家總體經濟面

1.經濟成長率：一個國家國內生產總值的成長比率，通常以一季或一年為單位，有如一家公司營收或獲利的季成長率或年成長率。一般而言，經濟成長率高的國家其股市漲幅會較高。國際貨幣基金預估 2018 年全球經濟長成率 3.4%，美國 2.5%，歐洲 1.6%，中國大陸 6%，而中華經濟研究院預估台灣 2018 經濟成長率為 2.15%

2.經濟領先指標：BDI 波羅的海綜合指數，一般被視為重要的經濟領先指標，BDI 波羅的海綜合指數，是由幾條主要運輸鋼材、紙漿、穀物、煤等民生物資及工業原料的散裝船運，由這些船運的即期運費計算而得 BDI 指數。當全球經濟景氣好時，船運運費價格較高，BDI 指數上升。

3.利率：銀行利率上升時，通常股市會下跌，當銀行利率較高時，投資人把錢存進銀行機構，可以獲得安全可靠的利息，相對的投資人將閒錢投入有下跌風險的股票投資的意願也就減少。

(二)公司財務面

1. 毛利率：賣 100 元的商品，商品的成本 70 元，毛利率為 30%，毛利率公式=（營業收入-銷貨成本）/營業收入。愈有競爭優勢的商品，毛利率會愈高，例如目前中華電信（毛利率 36%），台灣大哥大（毛利率 31%），遠傳電信（毛利率 41%）三家獨大的電信業者，毛利率都超過 30%。

2. 營業利益率：公司賣的商品，減去生產商品的直接成本，所賺到的錢，還要扣掉管理及銷售的費用，所算出來的稱為營業利益，而營業利益率的公式=（營業收入－銷貨成本－營業費用）/營業收入。台灣的電子代工業，營業利益率普遍在 5%以下，有些電子代工業的每股盈餘 EPS 之所以能很高，是因為它代工的產品數量多，薄利多銷的原故。

3. 稅前淨利率：營業利益屬於公司本業的收入，公司本業營業獲利若再加上公司本業外的收入，算出的利潤為稅前淨利，稅前淨利率=營業利益率+業外利益率，所以若公司業外獲利，則公司的稅前淨利率會高於營業利益率；若公司業外虧損，則稅前淨利率低於營業利益率。

4. 每股盈餘(EPS)：公司稅前淨利扣掉繳稅金額之後的獲利，再除以公司的股數。公司每股盈餘（EPS）和公司股價有正向的關聯性。

5. 本益比：公司每股價格除以公司每股盈餘（EPS）的比值，本益比愈低對投資人愈有利，一般本益比 10 以下為股票合適買進時機。

6.股價淨值比：公司每股價格除以公司每股淨值的比值，股價淨值比低對投資人有利，通常股價淨值比<1 為股價超跌。

7.殖利率：公司賺錢配發給股東的現金股息或股票股利，除以公司的股票價格，為投資該公司股票的所獲得的殖利率，假如公司配發現金股息稱為現金殖利率，若公司配發股票股利稱為股票殖利率。殖利率愈高，股東所得到的投資回報愈高。

8.流動比率：一家公司的流動比率=流動資產/流動負債，流動比率大於 2 的公司，公司的財務狀況較好。

9.速動比率：一家公司的速動比率=（流動資產-存貨-預付費用）/流動負債，速動比率大於 1 的公司，公司的財務狀況較好。

10.財務報表：簡稱財報，是一套會計文件，它反映一家公司過去一個季度或年度的財務表現。財務報表能幫助投資者和債權人了解公司的經營狀況，進一步幫助投資決策。所謂「財務三表」指的是公司財務報告中最基礎運用的三種財務報表，這三種報表分別是資產負債表、損益表、現金流量表。

11.資產負債表：它反映公司資產、負債及股東權益（淨值）的狀況，投資者可獲得公司的股東權益（淨值）、公司負債比等資訊；在資產的項目下，投資者可獲得公司的現金與

約當現金等資訊；而在股東權益（淨值）的項目下，投資者可獲得公司未分配盈餘及資本公積等財務資訊。

12.損益表：它反映公司收入、支出及獲利的表現，投資者可獲得公司的每季或年度每股盈餘（EPS）等獲利資訊。

13.現金流量表：它反映公司現金流量的來龍去脈，當中分為經營活動、投資活動及融資活動三部份，可以幫助投資者了解公司的獲利，主要來自經營活動、投資活動或融資活動。

三、證券投資技術分析

(一)技術分析以歷史的成交量、成交價來分析整體的股市及個別的股價，技術分析的三大要素為股票價格、成交量及時間。

(二)技術分析常用的 K 線圖：又稱為蠟燭線或陰陽線，當收盤價高於開盤價時，以紅色的長方形來表示；當收盤價低於開盤價時，以綠色的長方形來表示；如收盤價等於開盤價時，則以一條橫線表示。

(三)（質）量價三關係：投資人關心個股股價的漲跌，首先要留意個股成交量，成交量極少乏人問津的股票，通常股價在低檔，是適合陸續以較低價格買進的時間點，讀者也可以在它成交量漸漸增加，股價起漲點附近買進。而當個股股價漲多之後，並且出現非常大的成交量時，若非公司獲利進一步的增加，通常是股票大戶賣出股票出貨的時候。

公司獲利的增加或體質的改變，造成個股成交量的增加，結果個股股價繼續上升。公司獲利的增加或體質的改變，原因包括新的經營團隊、開發新的產品或公司轉型（例如食品股變生技股、百貨股變投資控股）等。

(四)技術指標：除（質）量價關係外，其他常用的技術指標為 KD 指標，當 KD 指標 ＞80 以上賣出訊號出現時，常有高檔鈍化的現象，即 KD 指標 ＞ 80 以上時，股價仍繼續上漲的情形；而當 KD 指標 ＜ 20 以下買進訊號出現時，同樣有股價仍繼續下跌的低檔鈍化情形，以（質）量價三關係，來判斷股票買賣點是比較好的作法。

(五)股票日週轉率：當日之股票成交量除以該股票發行的總數量，通常股票日週轉率大於 7%時，是大戶在出脫股票的時候，此時通常是融券賣出或持股獲利了結的好時機。

(六)技術分析主要的型態理論

　1.雙頭頂：即 M 頭，屬於頭部區的型態，代表股價在高檔震盪後，將會出現一波向下的股價走勢。

　2.雙重底：即 W 底，屬於底部區的型態，代表股價在低檔震盪後，將會出現一波向上的股價走勢。

四、法拍屋

(一)法拍屋：以房地產做為抵押品，向銀行借錢，卻無法如期
還銀行的房屋貸款，房地產抵押品被法院拍賣，拍賣所得
用以清還向銀行借的錢，法拍屋包括拍賣房屋或者拍賣
土地。

(二)應買公告：即「特拍」，法拍屋在第三拍流標仍未賣出時，
則進入應買公告階段，以第三拍的底價，做為應買的價格，
在公告三個月的期間，以向法院最先遞狀表示願意承買
的，可以買到法拍屋，應買的價格為法拍屋第一拍賣底價
的六四折（**64%**）。

(三)土地法第 34 條之一：「共有土地或建築改良物，其處分、
變更及設定地上權等，應以共有人過半數及其應有部分
合計過半數之同意行之。但其應有部分合計逾三分之二
者，其人數不予計算。」本條法律是處分共有持分房地產
的依據。

一則笑話

有一天，一位資訊博士坐船欣賞湖光山色。

在船上，博士問船夫：「你會臉書 Facebook 嗎？」
船夫搖搖頭。
博士就說：「那你的生命就要失去 4 分之 1 了。」

過了一會兒，博士又問：「你會賴 LINE 嗎？」
船夫還是搖搖頭。
博士又說：「那你的生命又要失去 4 分之 1 了。」

又過了一會兒，博士又問了：「你會谷歌 Google 嗎？」
船夫仍然搖搖頭。

但就在這時，狂風大作，捲來一股大浪把船弄翻。

船夫大聲問博士：「你會游泳嗎？」

博士驚慌地說：「我不會！」
「那你就要沒命了！」船夫在水中大叫說。

　　讀者會游泳嗎？ 也許讀者不會游泳，也許讀者不會遇到大浪把讀者打入水裡，但是讀者一定要會「種搖錢樹」，讓自己快樂，使家庭美滿，有「搖錢樹」可以傳子傳孫。

筆 記

筆 記

投資智慧

種搖錢樹，證券與法拍屋投資聖經

作者：游良福

編輯：游榮寬

美術編輯：游榮賓

校稿：程淑娟、游榮謙

出版者：九智新傳媒　9wise Corp.

　桃園市龍潭區民生路 177 巷 3 弄 24 號 1 樓

　訂購帳號：台北富邦銀行（012），帳號：7131-2000-6653

　手機/LINE：0952000939

　服務專線：（03）4707000　電子郵件：9wise.fish@gmail.com

製版印刷：新裕豐文化事業有限公司

發　　行：九智有限公司

初版一刷：2017 年 10 月

定價：新台幣 280 元

ISBN：978-986-95227-0-0

國家圖書館出版品預行編目（CIP）資料

種搖錢樹,證券與法拍屋投資聖經 /游良福
作. -- 初版. -- 桃園市 ：九智新傳媒,
2017.10
　面 ；　公分
ISBN 978-986-95227-0-0(平裝)

1.投資學　2.證券投資　3.不動產

　　563.5　　106012728